Caminar por Sierra Morena
y la Ruta de la Lana

Alberto de la Madrid

Caminar por Sierra Morena y la Ruta de la Lana

El libro es un modo de intentar aminorar las deficiencias que los boquetes del correr de los tiempos van abriendo en la memoria. La vida es lucha y reto necesario ante el amodorramiento que los años pueden ir introduciendo en los resquicios del alma... y del cuerpo. Y no hay mejor modo de vivir que inventar continuos "entretenimientos" con que mantener al cuerpo firme y la curiosidad despierta. Caminar es uno de ellos.

Poder recordar a cada momento las horas previas al amanecer cuando tus pies hollaron en compañía de los primeros trinos del alba el suelo del final de tantas noches, poder leer y renovar el beso con la tierra y la naturaleza en la relectura de tu propia aventura pasada, el esfuerzo de haberla recorrido y haber vivido con ella cual enamorado que siente a su lado el pálpito del corazón de su amada, es acaso el objeto esencial de toda esta escritura que voy dejando producto de mis recorridos por las tierras del país. Vivir y seguir recordando a ratos con la lectura de este u otros libros similares lo que somos, la liviandad de nuestro ser, pero a la vez la hondura de nuestro paso por el mundo, nuestro placer, nuestro dolor, la satisfacción por los breves años de nuestra existencia, me parece un asunto de suma importancia para salvar con cierta elegancia los años que te puedan quedar por vivir.

El libro recoge devaneos y reflexiones que el caminante en su andar solitario va recolectando aquí y allá en las largas jornadas de camino a través de Sierra Morena, en el trazado del GR-48, y de la Ruta de la Lana.

En Sierra Morena

El sabor de la magdalena

El Chorrillo, 20 de marzo

Hace días que me persigue la idea se echarme a caminar por alguna parte del mundo, incluso localicé un posible recorrido que atraviesa Sierra Morena desde la frontera portuguesa hasta Despeñaperros, cerca de seiscientos kilómetros, un mes más o menos de camino. Pero sucede que a la noche, ya muy de madrugada, cuando el silencio en la casa es una maravillosa balsa de paz, una vez he terminado mis ratos de estudio o de la lectura de lo que tengo entre manos, entonces y no antes, tomo uno de esos libros de poemas que he venido escribiendo estos años, leo unos pocos versos, apago después la luz y miro pensativamente por un rato largo en la oscuridad del campo que se tiende frente a la ventana de mi cabaña; poco después enciendo de nuevo el flexo y tomo de la mesa el volumen de la vuelta de España del pasado año que escribí día a día mientras recorría la Península. Un volumen de casi ochocientas páginas en donde bebo con unción mi ración de vida a través de un largo invierno de caminar amaneceres, barrizales, niebla, lluvias y deliciosas sendas junto al Cantábrico. Ahora estoy en el punto en que ya se hecho primavera y comienzo en Irún una nueva etapa que me llevaría hasta el Mediterráneo.

Pues bien, en ese punto vuelvo a ser consciente de que todavía mi cuerpo no ha terminado de digerir la aventura del pasado año, que todavía no la he recreado lo suficiente, recreado, disfrutado, vivido, saboreado, sorbido el tuétano de lo que se fue cociendo día tras día a lo largo de algo más de nueve meses. Y ahora que caigo, no es significativo que fueran precisamente nueve meses? Hay números que guardan en si alguna clase de misterio, encanto, sugerencia. Una sugerencia, quizás esos meses fueran meses de gestación sin que yo llegará a apercibirme de ello hasta este mismo momento. ¿Gestación de qué? No sé, quizás es que hay tiempos en la vida que son más, cómo decirlo, más generadores de vida, de sensaciones intensas, de emociones, de posibilidades de sacar de nosotros una creatividad, un algo poderoso, hermoso que en otros tiempos ni soñando seríamos capaces de alumbrar. Y me sucede a mí con el pasado año, en donde encuentro tantas ideas, aventuras condensadas, tantas emociones como esencia recogida con primor en palabras y fotografías que se necesariamente me siento atraído por el deseo de seguir bebiendo de esa experiencia, de esas palabras hasta el punto de no querer romper ese recogimiento interior que me proporcionan la lectura y los recuerdos y sensaciones del pasado año con la interferencia de un nuevo proyecto, sea éste caminar por Sierra Morena o darme una vuelta por los países al sur del Cáucaso, otro proyecto en ciernes.

Degustar la propia vida y vivir ese presente tan cacareado que tan difícil resulta poner en práctica, abocados cómo estamos por la necesidad de quemar constantemente nuevas etapas, nuevos proyecto que dejar atrás, se convierte en este final de invierno en una magnífica prioridad que hace tambalearse cualquier otra aventura en ciernes.

Unos días atrás, en lo alto de mi biblioteca me llamó la atención el lomo de un libro que aparentemente me resultaba desconocido; estaba entre la Divina Comedia y los tomos de Dostoievsky Dickens y Dos Passos. No me alcanzaba la vista a distinguir el nombre del autor; andaba ocioso merodeando por lo estantes, un saludable ejercicio que practico de tanto en tanto. En estas estanterías hay muy pocos volúmenes que no haya leído y es un recreo detenerse aquí o allá y recordar en un momento un personaje de Dostoievki, unos poemas de Baudelaire, la fecunda capacidad de poner en práctica el ejercicio de pensar de Montaigne, los consabidos merodeos por el tiempo de Proust o la maravillosa y condensada prosa Robert Musil en El hombre sin atributos, en fin medio siglo de intensas lecturas están siempre presentes en el ámbito de la cabaña en donde trabajo. Mis libros, fervorosos amantes de toda una vida, me miran desde los estantes y hablan conmigo, conversamos. A veces me entretengo abriendo uno de ellos y, siguiendo lo rastros de los subrayados, miro por aquí y por allá lo que en otro tiempo llamó mi atención. Mis libros esconden una parte importante de mi vida. Si alguien entrara en mi cabaña y se dedicará a rastrear en ellos los subrayados de este medio siglo de lectura seguro que iba a saber tanto de mí como yo mismo. Conversaciones, enfrentamientos con otras ideas, discusiones, embelesamiento con lo que otros han escrito.

Bueno el caso es que terminé levantándome para averiguar de qué trataba aquel volumen que había llamado mi atención. ¡Ajá!, sorpresa, René Demaison, Le forze della montagna, un libro en italiano que compré de regreso de nuestro último viaje por Europa, cuatro meses que nos llevaron hasta Ucrania en automóvil y que entre otras cosas hizo posible un largo cuatrimestre de lecturas junto al mar, los bosques, los campos de labor, las montañas en donde pasábamos la tarde junto al todoterreno preparado para hacer de hogar, biblioteca o lugar de recreo; en fin una extensión ambulante de mi propia cabaña. Ahora recordaba perfectamente el contenido. Se trata de un largo recorrido de René Demaison por las montañas de su vida. Bien, lo abrí y empezaba a sobrevolar sus páginas rastreando subrayados que me hicieran intimar con el libro, cuando de repente me encontré con uno que era imposible que pasara desapercibido, bajo unas líneas el bolígrafo había dejado un gruesa e imborrable marca. René Demaison y su compañero Jack Batkin se habían comprometido en escalar por primera vez en invierno el espolón Walker de las Grandes Jorasses, un mes de febrero poco propicio. Una semana de intensa escalada, un enorme tormenta, sufrimientos incalculables, la pasión de escalar una gran pared en las peores condiciones. Llegaron a la cumbre. Después de aquello Jack Batkin dejó de escalar por una larga temporada. En el verano siguiente se encontraba sentado en una terraza de una cervecería bebiendo un vaso de agua y menta, cuando un amigo se le acercó, éste le pregunta: ¿No escalas más, Jack?. "No", responde. "Ho fatto un viaggio talmente grande alle Grandes Jorasses con René, quest'inverno. Adesso lo rivivo". Eco, ahora lo revivo. Eso es. Es tanta la prisa que tenemos que fácilmente perdemos la oportunidad de revivir lo vivido, de vivir lo que estamos viviendo en este instante, en el momento precedente. Un buen tema de reflexión para ralentizar la existencia y contemplarla como se contempla un hermoso atardecer junto a la orilla del mar.

Después de esto ya no sé qué sucederá con estos proyectos que empiezan a abrirse paso en mi largo y dilatado invierno. Hace un par de meses el amigo Manuel Coronado me mandó unas líneas que apuntaban hacia un bello recorrido por el Algarve portugués. Le mandé esta breve nota: "Estoy en plena hibernación, recogido en los libros frente a la chimenea con alguna breve escapada para podar y echar una ojeada a la huerta y a los túneles, pero no sé cuando durará esto, imagino que algún enanito vendrá a despertarme en algún momento; no tengo prisa, pero por ahí abajo andan ya tres proyectos si cuento la costa del Algarve, los otros el GR-48 de Sierra Morena y lo que me queda del camino Mozárabe entre Antequera y Mérida. A ver si los ríos se deshielan, o se me acaba la leña de la chimenea... después ya veremos." Así están las cosas, entre la vivencia de recuperar y revivir el pasado y la posibilidad de echarse de nuevo al monte como las cabras. Ya veremos, de momento el sabor de la magdalena sigue siendo tan intenso que lástima me da perderlo en el trajín de nuevos proyectos.

A la cabaña llega tan intenso el perfume de los jacintos en flor, han empezado a brotar con tanta fuerza las hortensias, los almendros se han llenado de tantas flores, los peces han salido de su cueva echándose a nadar a lo largo y ancho del estanque, la huerta está tan en su apogeo, mis ratos de estudio están tan en su punto, las largas noches de lectura son tan atrayentes...

Imagino, como le decía a Manuel, que en algún momento los hielos abandonen definitivamente el cálido invierno en que ando sumido y la primavera llame a mi puerta de un modo más imperativo, algo así como: levántate y anda, mueve el culo, tío y busca otro pedazo de vida caminando por esos mundos de Dios.

Amén.

Hacia Sierra Morena. El GR–48

Después de tres horas de viaje todavía no soy capaz de salir del sopor en el que me he hundido desde que partió el autobús. En la venta Pedro Abad, donde paramos quince minutos, empiezo a despertarme. Llevo en el cuerpo los trabajos apresurados de estos días en la parcela y unas largas caminatas por los alrededores de mi casa intentando desentumecer mi cuerpo después de una larguísima hibernación; un arduo trabajo el de estirar las piernas, empezar a mover los pies, ponerse en contacto con esta primavera avanzada. Casi seis meses de completo retiro en los diez metros cuadrados de mi cabaña. Alguna vez concebí la idea de hacerme una choza al fondo de nuestra parcela y pasar allí un año sin teléfono, sin luz eléctrica, sin Internet ni aparatos pensando en experimentar en lo posible ese mundo de soledad y silencio que siempre he admirado en algunas personas, eremitas, aventureros que eligen el ámbito de su misma persona para jugar con su vida y ver de qué está compuesta esa compleja materia que es la existencia, sus páramos, sus apartado rincones donde no suena otro cosa que el eco de la propia voz. A muchos estas cosas les suenan como una excentricidad fuera de lugar, producto de seres raros y extraños, que no hacen los comunes de los mortales. A veces hace falta leer y explorar posibilidades que otros han experimentado para sentirse arropado y no excesivamente raro. Este invierno leí varios libros que me aproximaron a este mundo del que hablo, uno fue Tras los renos del Canadá, de Erik Munsterhjelm, la historia de un hombre que pasó algunos inviernos solo viviendo con lo que cazaba y pescaba, en una cabaña que él mismo se había construido. Cuarenta grados bajo cero. Otro era de una británica que experimentaba con su soledad y su silencio en los páramos de las Islas Británicas; Sara Maintland, el título de su libro, El libro del silencio. Una escritora bastante fecunda que se dedica a investigar el silencio y la soledad en su propia piel hasta el punto de largarse al desierto del Sinaí para vivir de cerca la experiencia de san Antonio, sí, el mismísimo de las tentaciones cuyos cuadros, pintados por Zurbarán o El Bosco nos hacen sonreír hoy.

En un mundo apresurado como el que vivimos hoy, en donde apenas es posible el silencio porque el teléfono está continuamente sonando y requiriendo nuestra atención, correo, redes sociales, llamadas; teléfono, televisión, todo tipo de trajín, a mí no me parece descabellado aislarse un poquito. Las cosas raras, los lugares inusuales, todo aquello que no hacemos comúnmente siempre han sido un acicate para los espíritus curiosos. Más sobretodo cuando la cosa promete alimentar sustanciosamente alguna parte del yo.

Como siempre me pasé con el preámbulo. Mi cuñada Ana se sonrió mucho y largo hace unas semanas cuando escribí un post titulado, Un irremediable pelma, un servidor en persona. Y así continuamos. Uno por mucho que quiera no puede dejar de ser uno mismo, siempre termina cayendo en discursos que tienen que ver con su forma de ver el mundo. Sólo me cabe el consuelo de saber que prácticamente todo ese mundo hace la misma cosa. Si Montagne hubiera vivido trescientos años sus ensayos se habrían prolongado ininterrumpidamente teniendo como objetivo toda esa realidad que rodea al uno desde que nace hasta que muere. A Montagne parecía no importarle otra cosa que lo que sucedía alrededor y dentro de su vida.

Por cierto, la vida es un puñado de carne viva dispuesta a dispararse en cualquier momento. Ayer atravesaba yo la biblioteca cuando oí a Victoria hablar por teléfono con uno de mis hijos. A partir de ese instante las sinapsis de mi cerebro se pusieron en movimiento y un hilo de angustia empezó a correrme por dentro. Unos momentos después las lágrimas brotaban de mis ojos como si se me acabara de morir un hijo. El recuerdo de un viejo asunto de década y media atrás conmocionaba mi cuerpo. Un testimonio más de cómo estamos hechos y de qué es lo que golpea con lo puños dentro de nuestro propio pecho.

Digo yo que lo vida está para vivirla. Esta mañana de autobús camino de Sevilla, después de despertarme del sopor que adormilaba mi cuerpo y después de hablar de la soledad y el silencio como experiencias humanas de gran valor, me encuentro que acaso todas las experiencias que hemos vivido son dignas de ser recordadas aunque éstas puedan partirnos el corazón. El otro día oía en un programa cómo en algunas comunidades aztecas a las personas que se iban a morir y que se encontraban inconscientes, los mismos familiares las despertaban en el último momento para que fueran testigos de su propia muerte, para que pudieran vivir ésta conscientemente. Joder, pues sí, vivir enterita la vida, como quien se atiborra y confiesa con el poeta de los Veinte poemas de amor, su última y gran devoción.

Mi autobús rueda ya por tierras andaluzas. En Andalucía, igual que en Cataluña y Galicia, y en algunas regiones más de España, mis piernas han recorrido cientos de kilómetros en diferentes direcciones, pero los relatos de ajenas experiencias me traen de nuevo aquí para seguir un GR que atraviesa la región entre la frontera portuguesa y el desfiladero de Despeñaperros. De que yo esté hoy aquí tienen la culpa Ignacio Aldea, viejo amigo de las correrías de mis primeras montañas, que atravesó Sierra Morena en un borrico y me dejó encandilado con su relato. La otra persona a la que debo mi regreso a estas tierras es Manuel Coronado, que me lo sugirió hace un año mientras yo andaba rodando por alguno de los múltiples Caminos de Santiago. Manuel vive en Mérida y una de sus notorias vocaciones, además de cuidar un huerto chiquito, es caminar. Últimamente cuando dispone de unos pocos días se va a cubrir algunas etapas de este GR48 que recorre Sierra Morena; si el tiempo del que dispone es mayor entonces se va a Francia a continuar el recorrido, continuación del GR7, que unirá Tarifa con Atenas! La última vez que abrí el Facebook andaban por la jornada diecinueve. En su ir venir desde Mérida quién sabe si un día de estos nos encontramos.

Fue en Sierra Morena donde unos bandidos robaron el burro a Sancho Panza, un hecho que Cervantes, algo despistado él, acaso porque entre el momento en que le robaron el burro a Sancho y el instante posterior de la escritura transcurrió mucho tiempo, un hecho, decía, que

Cervantes nos regala cómo testimonio de que la escritura es uno más que uno de los divertimentos de que podemos hacer uso en la vida, sin necesidad de que nos lo tomemos demasiado en serio.

Entre una Cumbre y otra

Arroyo del Caño, cercanías de Encinasola, 2 de mayo

Nada más abandonar Encinasola el campo huele profundamente a primavera. A los alrededores lomas que como olas levantan o hunden sus cuerpos bajo el embate del tiempo. El tiempo escultor rotula, esculpe, erosiona a su capricho la tierra y aquí produce un barranco, allí un valle, más arriba dibuja unas lomas, lomas-olas que cabalgan desde la frontera próxima y se alejan por levante cómo un mar encrespado de solemnes y amplias ondulaciones. Este mar huele a tomillo y romero. En este mar cantan lo pájaros y el viento enreda sus dedos en las ramas de lo árboles. Junto al arroyo del Caño los eucaliptos mueven cadenciosamente sus ramas, las moscas zumban golosas como en los versos de Machado, los pájaros silban entremezclando sus voces con el discurso monótono de las ranas. Ya no se oyen los gallos, ni los perros, ni el balido de las ovejas que se quedaron atrás merodeando los alrededores del pueblo como mozas asustadizas que temieran encontrarse con los jabatos del monte. Eso me insinuó la moza que atendía el supermercado de Encinasola, vamos que a mí me gusta caminar y lo hago los fines de semana, me decía, pero de ahí a caminar solo por esos mundos de Dios, nada de nada. Mira que si te sale un jabalí detrás, a ver qué haces. Y la moza era de buen ver y aunque un guardia civil escuchaba a un metro de nosotros esperando su turno para pagar una docena de huevos y un par de cervezas, a un servidor, que no ha visto y escuchado moza que no fuera su compañera la hortelana en medio año de ejercicio de solitario eremita, miraba a la moza y ya mismo se imaginaba lo qué podía ser encontrarse en lo más intrincado del monte con semejante aparición, la moza quiero decir, y que ésta, asustadica por el feroz hozar de los jabalíes o el rugido de lo osos se refugiara en los amorosos brazos del caminante como quien ha encontrado caluroso refugio para atravesar en compañía el Helesponto. Sí, por imaginar que no quede, aunque me temo que sea todavía muy temprano, tan sólo comenzada la ruta y ya he empezado a soñar despierto. Joder con el caminante y sus alardes de soledad... que diría el otro.

Las ocho de la tarde. El sol se ha ocultado tras las lomas y aunque la temperatura es deliciosamente suave y cerca canta delicadamente el arroyo, me he propuesto levantarme muy temprano, lo que implica dar ya cuenta de mi cena e intentar dormir cuanto antes. Buenas noches.

Cumbres Mayores, 3 de mayo

Las cinco y media de la mañana. Un ruiseñor canta en solitario en las ramas de los eucaliptos. El tenorio enamorado, pa eso estamos en primavera, canta paciente, tiernamente a su amada con el encantado timbre de su voz; dichoso enamorado al que podemos oír en las profundidades de las noches y en las cercanías del alba alegrando con su canto el alma de los madrugadores. Un usual compañero de mi andanzas. La noche es oscura como el betún. Me visto y recojo a tientas mis cosas, pero cuando comienzo a caminar no tengo más remedio que encender la linterna. Reduzco la luz de mi frontal al mínimo para no perder el contacto con la noche. En línea recta por encima del camino se alza al fondo, gordo como una farola, el planeta Venus, el resto del mundo permanece en silenciosa oscuridad, lejos, acaso, croan las ranas en algún perdido estanque. Confío mi suerte al gps del teléfono que me avisará con su melodía si me alejo de mi itinerario. Es el momento para recrearse en las bondades de este mundo que a esta hora se percibe siempre envuelto en un halo de misterio. Los días pueden parecernos unos similares a otros, pero cuando se trata de la noche, de lo primeros momentos del amanecer, la cosa suele ser bastante distinta casi siempre. La oscuridad viste la realidad con misteriosas y veladas transparencias en donde uno puede encontrar olores y formas que la luz del día impide ver. La imaginación vuela también con más fuerza en estos instantes.

A las nueve de la mañana estoy en Cumbres de San Bartolomé. Todo cerrado. Fotografío la fachada de la casa consistorial. Desayuno en las afueras. La mañana es un agradable paseo entre encinares y dehesas donde vacas o cerdos pastan apaciblemente como si el tiempo no existiese. Sólo el caminante atraviesa estas tierras a esta hora. El caminante dedica estas primeras horas al estudio, escucha textos sencillos en un idioma que no es el suyo y cuando se quiere dar cuenta ya está en Cumbres de Enmedio, sí aquí todo los pueblos son cumbres de algo, aunque no se vea ninguna cima por los alrededores, sólo lomas y dehesas que se extienden ininterrumpidamente en todas las direcciones.

Mi crónica queda aquí, en el pueblo siguiente, Cumbres Mayores. Hoy es la fiesta de la Cruz, frente a la iglesia un grupo de señoras ultiman lo arreglos florales para la fiesta de la Virgen. Charlo un poco con ellas antes de buscar la sombra en un restaurante.

Ríos y fuentes

Arroyomolinos de León, 4 de mayo

La tarde anterior, tras la comida, me había costado trabajo encontrar una sombra para echarme la siesta de rigor; menos mal que terminó por aparecer el ángel de la guarda, paró un coche y el conductor, una de esas personas que gusta pegar la hebra con todo el mundo, después de enterarse en que consistía mi vida estos días y de mi necesitad inmediata de sestear, me llevó a una tierra cercana suya y como buen hóspite me ofreció su prado y las sombras de sus árboles de parecida manera a quien pudiera haber ofrecido su castillo. Nos despedimos calurosamente y poco después, a la sombra, y cubierto con mi mosquitero de campaña, caí pesadamente en lo brazos de Morfeo.

Eran las seis cuando desperté. Tiempo de lectura. Recogí, cargué el macuto y me eché a andar mientras el primer capítulo de mi novela comenzaba a rodar. La vida perra de Juanita Narboni, de Ángel Vázquez. Al final de la tarde, sentado en un alto prado, mientras el día iba finalizando y una leve luna se alzaba sobre los enchinares decidí que la vida de Juanita Narboni no era santo de mi devoción. aunque me la hubiera recomendado mi chica, la hortelana. La hortelana y un servidor compartimos una filosofía de la vida muy parecida, pero se ve que nuestros gustos literarios no siempre coinciden, lo que no quiere decir que no coincidamos en un buen número de lecturas.

Así que dormí en las alturas de algún parte de la sierra de Aracena. A las cinco mañana la gran estela de la Vía Láctea cruzaba el cielo sobre mi cabeza. Las estrellas poblaban brillantes y solitarias las alturas. A mis piernas les cuesta echar a andar, entumecidas, todavía faltas de entrenamiento, se mueven toscamente en la cuesta abajo. En la hondonada siguiente huele intensamente a hinojo, el pueblo cercano se llama, curiosamente, Hinojales, de donde se deduce que los hinojos llevan cientos de años poblando estas tierras.

Ayer tuve que vadear en la oscuridad un río que se cruzaba en mi camino, cincuenta metros de aguas tranquilas y rumorosas que ponían sus gotas de misterio en el silencio de la noche. Hoy tuve que vadear otro al amanecer en un bosquecillo donde los pájaros eran cientos. Encantadores rincones que el camino ofrece a este viajero madrugador donde, muy a placer, sería posible descargar el macuto para sentarse a la orilla del río a ver discurrir la mañana rodeado por la orquestina de los pájaros. Uno se empeña en ir de acá para allá y en cierto sentido se convierte en esclavo de una idea, hay que seguir adelante, hay que llegar a Córdoba o a Despeñaperros. Siempre hay que llegar a algún sitio, no he aprendido todavía a ir a ningún sitio. Días atrás rastreé en el libro de Ekhart Tolle, El poder del ahora, cierto pensamiento interesante que invitaba a olvidarse de alguna de nuestras convenciones más queridas, nuestro propio yo, que él defendía constituido en gran parte por ideas y hechos que en realidad nos son ajenos. Cuando se preguntaba de qué está hecho el yo, entendía que a lo largo de nuestra vida vamos encontrándonos con ideas y acontecimientos que nos van conformando, nuestra ideología; nuestra forma de pensar está hecha de accidentes, cosas que hemos adquirido por el camino y que nosotros identificamos con nuestro yo. Hasta aquí una idea interesante para considerar y saber hasta qué punto uno es algo primigenio y único o por el contrario pueda ser un amasijo de otras ideas, otras decisiones. Para el señor Tolle es esencial tirar por la borda el yo, lo que él entiende por el yo, y vivir el ahora. Todo lo que nos puede joder que arrastramos del pasado es pura ilusión, simple y llanamente no existe, sólo este momento existe, con lo cual nada anterior ni posterior debería molestarnos, asustarnos o preocuparnos.

Así las cosas y volviendo al río que vadeaba esta mañana y a lo agradable del lugar, si yo no tuviera en la cabeza una idea preconcebida de que estoy recorriendo no sé qué sierras, seguro que me hubiera sido más fácil sentarme a la orilla del río y pasar el resto del día oyendo a los pájaros o entretenido en la lectura de algún libro.

Ayer, en Cumbres Mayores, con el cuento de que era fin de semana, un cuento que se explota impunemente por todos los lados, me clavaron. Un lugar en donde el plato del día cuesta ocho euros, por arte de birlibirloque los fines de semana se convierte en veintitrés euros. Ni los alquimistas pueden hacer tanto, convertir en oro la cosa corriente siempre ha sido desde el comienzo de los tiempos la gran tentación. A los señores de ayer, sentados a la mesa toda la familia reunida, cuando me marchaba, les debió sorprender muchísimo que un cliente en pantalón corto y con chaleco de cazador se dirigiera a ellos para expresar su sorpresa por el precio de las cosas. Con la notita en la mano, después de soltarles que aquello era un simple robo, quedé admirado de que aquella gente no abriera la boca, ni una palabra argumentaron. Cuando me despedí con un sencillo "que aproveche" , todos respondieron con un muy educado "gracias". Me pareció que se habían hecho suficiente cargo del asunto.

Así que escarmentado por lo de ayer, hoy, en Arroyomolinos de León, ante una carta en donde lo precios brillaban por su ausencia, tuve que andar más vivo. Resultó sin embargo que eran buena gente, amables y con precios razonables. Comí parecido al dia anterior y además me hicieron la cena y la empaquetaron en una bandeja de poliuretano. Todo por dieciséis euros. Hay para todo en el mundo.

A algún kilómetro de aquí he localizado en el mapa una fuente, la fuente de la Pileta. Voy a tratar de llegar hasta ella a ver si junto al rumor de su caño encuentro una sombra para echar la siesta.

Entre Arroyomolinos de León y Cala

El Chorrillo, 7 de mayo

Desde Arroyoimolinos de León se sale al noreste por un agradable arroyito donde centenares de ranas saltan asustadas al paso del caminante que ya mismo anda buscando la sombra de una higuera para descabezar ritualmente su siesta de costumbre, lo que sucede casi a la vuelta de la esquina. Unos mojones de hormigón facilitan enseguida el cruce del río y en el lado opuesto me está esperando, espesa y apetecible junto al rumor del agua y el ajetreo de las ranas, la sombra de la higuera. Por estas tierras no hay mucho variedad de árboles que elegir, encinas en el monte y alguna por lo alrededores del pueblo. Tras una buena comida el caminante no encuentra una cosa más deliciosa que tumbarse bajo el mosquitero y hacer la digestión sesteando.

Emprendo la discreta subida de la sierra, antes de que el camino se precipite por la otra vertiente hacia de llano de las dehesas, con la lectura de una nueva novela, en esta ocasión de la mano de Eça de Queirós, La ilustre casa de Ramires. No tengo ni idea por qué metí esta novela en mi ipod, seguramente tuvo que ver el hecho de que mi camino comenzara a ocho o diez kilómetros de Portugal. Cuando hice el GR–10 recuerdo que tuve un deseo similar, a punto de llegar al la frontera, antes de emprender la ruta por los Arribes del Duero, recuerdo que sentí el deseo de leer a Pessoa, ese tipo de inclinación que tiene la gente de comer paella cuando pasa por Valencia.

En el caso de hoy Eça de Queirós se concierte nada más empezar en un apetecible manjar literario. Literatura vetusta, de sabor a cosa vieja, vino añejo; si el libro que leía hubiera sido de papel con toda seguridad sus páginas habrían desprendido ese agradable olor a viejo que se desprende de los libros de otras épocas. Hidalgos, caballeros, ilustrísimas, labriegos, criados, la aristocracia provinciana de un país en evidente declive en donde los personajes pretenden frenar la inevitable decadencia de una clase privilegiada. Con este tipo de libros a veces no es necesario aferrarse la desarrollo argumental, su prosa barroca y desfasada llena de rocambolescos giros ya constituye en si misma un placer.

Así que llego a lo alto de la sierra hacia finales del siglo XIX desde donde se dominan extensos llanos. Las jaras están rabiosamente en flor. Mi mapa marca una fuente, la fuente de la Pileta, al pie del monte, pero me será imposible encontrarla, dudo incluso que exista, rastree en vano entre lo juncales con el gps.

El último sol de la tarde caía cálido sobre la majada que había elegido para pasar la noche. Di cuenta de mi cena antes de que se ocultarse el sol, me habían preparado en una bandeja pechuga de pollo, un pimiento grande frito y un huevo con patatas. Al día siguiente repasaría mi cena una y otra vez buscando la causa de mis desarreglos digestivos. No logré encontrarlo, pero el caso es que desperté a las tres de la mañana con una extraña sensación de estomago que no me quitaría de encima durante varios días. Después de esa hora ya no pude pegar ojo.

A las cinco y media de la mañana ya estaba en pie, me movía pesadamente en la oscuridad, atorado, como si me hubieran robado las fuerzas. Caminé durante un par de horas. Era una pena porque el trayecto aquel era hermosísimo, un apretado bosque, un riachuelo que vadear, cinco ciervos que me salieron a poca distancia elegantes y saltarines como sacados de una película de Walt Disney. Pero no, hoy había algo que no marchaba, a las dos horas y media de camino no podía con mi alma, tuve que sacar el aislante y tumbarme sin más sobre la hierba. Dormité por más de una hora, una debilidad general se había apoderado de mi. A dos kilómetros de Cala volví a parar junto al camino. Había oído un motor y esperé. Un campesino me llevó en un tractor hasta el pueblo.

Cala

Barajaba la posibilidad de quedarme uno o dos días en Cala a descansar y a esperar que se me pasase lo que fuera que se me había metido en el cuerpo de rondó, pero cuando desactivé el modo avión del teléfono me esperaban malas noticias, mi hijo menor, Mario, había ingresado de urgencias en le hospital hacía tres o cuatro horas con una peritonitis que no se descartaba fuera grave. A las dice y media tomaba un autobús para Badajoz. Mientras viajaba en el intercity que me llevaba a Madrid, Mario ingresó en el quirófano. Fue una operación delicada, pero ahora, después de dos días, todo parece ir bien. De momento se me han quitado las ganas de caminar.

Estoy contento, he logrado reducir mi impedimenta a seis kilos. Ahí está todo lo que necesitaré para vivir una temporada de vagabundeo por las tierras del sur. Hasta yo mismo me asombro de que esto sea posible, toda la música que uno quiera oír, todos los libros que quiera leer, la máquina de escribir, el tocadiscos, el gps, montones de mapas, sólo eso ya cabe dentro de mi Samsung de cien gramos. Maravilla de las nuevas tecnologías. Junto a ello el propósito de simplificar la vida al máximo, ni cocina, ni tienda, ni chubasquero, dormir donde me pille y si llueve, algún diosecillo proveerá. En última instancia cargué con una bolsa se plástico de cincuenta gramos para improvisar un vivac en caso de lluvia. Ya pasé hace unos años por esta circunstancia sobre un arrecife mientras daba la vuelta a Ibiza, la noche del loro al cielo raso sin ningún tipo de protección y con una inesperada tromba de agua. Ni me ahogué ni me morí, pasé la cosa como lo hace una cabra o una vaca; así que ayer, cuando me decidí a prescindir de la tienda de campaña sentí un pequeño alivio. Si llueve y no encuentro un chamizo me mojo, nada más que eso.

Sin embargo, y curiosamente, añadí un aparatito nuevo a mi equipaje, un ebook, así ya puedo leer con los ojos además de con los oídos, que es mi modo normal de lectura cuando camino. En realidad estas caminatas que me pego desde hace años por nuestras tierras tienen mucho de aficionado a ratón de biblioteca; es la única circunstancia dentro de mi vida cotidiana en que puedo dedicar, si me apetece, todo el tiempo del mundo a la lectura y ello caminando.

Es ir por la vida, como cantaba Machado, desnudo como la mar; maravillosa sensación de libertad que no necesita de la comodidad de un hotel, como se extrañaba el amigo Sergio, que cabalgando en su yegua camino de Santiago y leyéndome en alguno de mis libros de los senderos, me preguntaba en un email sobre esta extraña afición mía de dormir como la bestias en el monte y entre los arrecifes.

Para mí que en alguna de mi reencarnaciones anteriores debí de ser cabra, si no no se explica. Yo de cabra toda la vida y además engendrando un hijo que tras la universidad se mete a cabrero son datos que apuntan a esa posibilidad. Si la infancia es un espléndido periodo de tiempo en donde se conforma una parte importante de lo que somos, quizás esto unido a viejas vivencias en otras vidas, más las migas de ilusión que pusimos en nuestra adolescencia y juventud enfocadas a locas actividades en torno a las montañas, han hecho el noventa por ciento de lo que somos. Y que se lo digan si no a esos amigos del Navi, viejos compañeros de montaña con los que después de cuarenta años de vacío empezamos a reconstruir una nueva amistad basada en esa permanente pasión por recorrer montes y valles.

Y aquí estoy en Talavera de la Reina parado, víctima de una incidencia ferroviaria que me va a hacer perder la única conexión que tengo para incorporarme a mi ruta de Sierra Morena, en Cala, Huelva. Esta vez me costó arrancar, en casa la primavera estaba demasiado atractiva, la huerta, las flores, los rosales reventando de color por toda la parcela, el cefiroso bosquecillo de las acacias, los olmos y los álamos formaban un entorno ideal para demorar mi viaje. Vamos, que tuve que hacer de tripas corazón para decidirme a marchar. Sabía por otra parte que allí en el sur también me esperaban ratos de gozo y momentos muy especiales que amo particularmente, esa hora mágica de las cinco de la mañana de despertar en medio del campo bajo un cielo cuajado de estrellas, recoger mis cosas en la oscuridad, echar a caminar tanteando cuidadosamente el suelo con los bastones y los pies, la fragancia de la vegetación que se desprende de las ensenadas a estas horas, Venus a lo lejos sobre el horizonte indicándome el camino hacia levante. Hay muchos ratos en ese deambular por las tierra del planeta que merecen romper con la cómoda cotidianidad de casa para echarse al monte. Sólo sucede que mi condición de jubilado pone delante de mí tantas posibilidades diferentes que uno se enreda con ellas hasta el punto de hacer difícil la elección.

Y el tren se ha puesto en marcha de nuevo y ahora atravesamos frente a la cordal de Gredos, restos de nieve envueltos entre algodonosas nubes de verano, el perfil tranquilo de la sierra descansando sobre el alfombrado dorado de la mies a punto de ser cosechada, un rebaño de merinas de lana oscura pastando junto a la vía del tren. El tren y el placer de alejarse. El Machado que he disfrutado toda la vida me acompaña:

Yo, para todo viaje
-siempre sobre la madera
de mi vagón de tercera-,
voy ligero de equipaje.

*Si es de noche, porque no
acostumbro a dormir yo,
y de día, por mirar
los arbolitos pasar,
yo nunca duermo en el tren,
y, sin embargo, voy bien.
¡Este placer de alejarse!*

Una romería atraviesa la madrugada

Un mapa siempre tiene algo de misterioso y sugestivo. Cuando echo a andar por la tarde lo abro y lo interrogo, casi siempre en busca de un lugar apropiado para echar una siesta, o mejor, para terminar mi jornada de caminante. Allí solo aparecen curvas de nivel y poco más, sin embargo hay algo en esas líneas que pican mi curiosidad y que me atraen especialmente, se trata de esas manchas azules que indican lagunas, ríos; las cercanías de un río o un lago siempre son lugares propicios para tender mi saco de dormir a la caída de la tarde, pese a que aumenten las posibilidades de recibir la visita no deseada de lo mosquitos. Cuando las manchas azules no están presentes me inclino por escoger jeroglíficos en donde las curvas de nivel pasan caprichosamente de estar juntas y apretadas a remansos en pequeñas ensenadas. Ayer tarde me habían dicho que en Cala era fiesta, día de romería y según me alejaba del pueblo al final de la tarde podía escuchar perfectamente la megafonía que preparaba los eventos de la noche. Música de fiesta por todo lo alto. Así que mi búsqueda en el mapa se basó en un principio sonoro, sobrepasar un collado o similar que me aislara de la fanfarria musicista del pueblo. Miré y encontré que tras un collado el mapa apretaba las líneas en medio de las cuales había un lago apresado por altas paredes. No lo pensé dos veces. Llegué al lugar cerca de las diez de la noche, lo justo como para hacer una fotografía del lugar, se trataba de las minas de Teuler, un inmenso socavón surcado por anchas terrazas en cuyo fondo dormían las aguas tranquilas de un solitario lago. Junto al borde superior del acantilado instalé mi vivac. Muy lejos se veían las luces de un pueblo como si de una apretada constelación de estrellas se tratara. El silencio y la oscuridad eran absolutos.

Pasadas acaso dos o tres horas desperté sobresaltado no sé si por algo que sucedía dentro de un sueño o por algo externo a él. Risas, cantos y el paso lento de muchos caballos arrastrando carromatos. Alucinaba, despertado repentinamente no sabía todavía si estaba en los dominio de Morfeo o en el de la pura realidad. Me incorporé, sí, aquello era una procesión en mirad de la madrugada, mozos y mozas alegres como una panda de borrachines ocupaban algunos carros que eran acompañados por docenas de jinetes que añadían a la fanfarria nocturna los gritos de sus bromas. Las mozas, ataviadas de fiesta, respondían con carcajadas las bromas de los mozos. A juzgar por la pinta aquello era llana y simplemente el grueso de la romería, que acaso había extraviado su camino y buscaba al calor del vino una apacible dehesa entre la encinas para celebrar una bacanal en honor a alguna virgen harta de tanta y secular virginidad. A la mañana siguiente, entre la dudosa luz del alba quise averiguar a dónde habría ido a parar tanta moza y mozo en tan curiosa procesión; no fui capaz de dar con el lugar, no pueblo, no prado, no nada, todo encinares apretados y olisqueadores cerdos que me seguían como si de una familia numerosa de gallinas se tratara. A los mozos y mozas se los había tragado la tierra.

El amanecer, desleído y no especialmente vistoso me pilló transitando por la pista que había sustituido el trazado de la antigua mina de Teuler; un agradable paseo que siguiendo las curvas de nivel como si de un acueducto se tratara, atravesaba encinares y rodeaba bucólicas y silenciosas lomas. A las ocho de la mañana estaba en Santa Olalla del Cala, las calles estaban apaciblemente solitarias, el sol reverberaba en las fachadas enjabegadas como si de pulidas superficies de nieve se tratara. Desayuné en una placita donde los tamarindos mostraban sus vistosas campanillas azules.

Catorce kilómetros después entraba mucho antes de la hora de comer en el pueblo de El Real de la Vera. Y, ah, sorpresa, pregunto por un restaurante; La Cochera, me dicen, allá, en la placita junto al la iglesia. Y cuando me aproximo, coño, esto lo conozco yo, un mesón al que se entra bajo un arco de piedra, uno de esos lugares de abolengo de los que uno no se olvida. Me aproximo y en la jamba izquierda de la puerta de arco de medio punto me veo la famosa concha de los Caminos de Santiago. Entro, ya está. Me encuentro de nuevo en la Vía de la Plata, he pasado por aquí hace un año, el Gr-48 se junta aquí con mi ruta pasada. He andado tanto caminos... y mi memoria es tan liviana que sólo a duras penas reconozco senderos que apenas ayer mismo transité. No problem! La memoria no puede retener tantos paisajes y tanto pueblo cuando los caminos hechos se cuentan por millares de kilómetros. Demasiados datos para la capacidad del disco duro que llevo sobre los hombros. Mi memoria personal necesita unos cuanto gigas adicionales.

Mientras hago tiempo hasta la hora de la comida saco a mi teléfono del modo avión. Nada me hace más ilusión esta mañana que el regalo que me manda mi hija vía guasap. Éste es:

Ese nuevo aire que corre de la mano de Podemos desde hace algo más de una semana, llega hoy hasta las majadas de la Sierra Norte de Sevilla como una explosión de esperanza. El vídeo que me manda Lucía ha tenido la capacidad de hacerme olvidar el cansancio que traía para ponerme en contacto con esa otra realidad en la que muchos estamos empezando a poner aquella vieja ilusión de cuando éramos jóvenes y que nos corrió por dentro como corriente salvaje cuando al final de los setenta convertimos las calles de Madrid en un campo de batalla tras la caída de la dictadura, esa esperanza que hace que la sangre, adormecida tras el desmantelamiento, por el PSOE y sus secuaces, de los grupos sociales que desde distintos sectores del país habían luchado por una democracia real que fue escatimada y corrompida por todos los que ahora viven holgadamente bajo el palio de las eléctricas y el gas (pongamos por ejemplo el caso de ese Felipe González que ahora grita contra la izquierda desde los foros de la banca) despierte.

Por cierto, en el correo también me encuentro una solicitud de amistad de Facebook de Carlos Soria. Todo un honor para un servidor que tanto debe a Carlos por su fuerza moral y por esa actitud ante la vida que frente al paso de los años responde con una actitud de reto y confianza en sí mismo digna de esos míticos héroes que siempre admiramos desde los tempranos años en que empezamos a hacer de la montaña nuestra irrenunciable amante.

Terminada mi crónica y tras cumplir cerca de treinta kilómetros desde las cinco de la mañana, ahora solo me resta encontrar la sombra de una encina para descabezar una siesta. Hasta mañana.

Una pista interminable

2 de junio, Cazalla de la Sierra

Qué liviano rastro dejan en ocasiones los pueblos y los paisajes en mi retina. Pareciera que los paisajes, los pueblos que uno atraviesa sólo sirvieran de disculpa para recoger aquí y allá algún manojillo de sensaciones que no tienen por qué guardar relación con la relevancia de los lugares que cruzo. Si aquí no tuviste un percance o una iluminación que llegó a tu conciencia probablemente la memoria lo dejará ir como se dejan ir las aguas de un río en donde se reflejan los bosques o los cañaverales pero que el meandro más próximo habrá disuelto esos reflejos en otros, la realidad se sume en el olvido y los acontecimientos del ahora se tragan los de ayer en anteayer. Es verdad, en realidad sólo somos presente y sólo una parte mínima de nosotros va quedando en esa estela blanca que se va disolviendo en un pasado apenas sobrevolado por una pocas gaviotas. Yo olvido mucho, en la memoria quedan rastros, hilachos de los paisajes que atravieso.

No me disgusta, cuando abandono por una calle muy empinada el pueblo de El Real de la Jara, descubro sin embargo el albergue donde me hospedé el pasado año. y un kilómetro más allá vuelvo a encontrarme bajo la sombra de un olivo con la concha del Camino de la Plata que fotografié el pasado año junto a las líneas rojiblancas que señalan el Gr-48. En este punto el GR y el Camino de la Plata se dan la mano y van juntos hasta Almacén de la Plata. Quitando la concha y el olivo no reconozco nada de estos catorce kilómetros que me llevan hasta Almadén.

En el invierno de dos mil trece había llegado yo hecho una sopa a este pueblo y en Casa Carmen un alma bondadosa me había buscado un sitio en la trastienda donde ardía un gran fuego bajo una rústica chimenea alrededor de la cual se exhibían trofeos de caza de varias generaciones de cazadores. Fue bonito recordar estos detalles al final de un caluroso día de primavera. Como se ve, la capacidad de mi memoria para recordar es totalmente selectiva. Dormí en el albergue de peregrinos junto con dos italianos, una pareja de franceses y un alemán que roncó discretamente toda la noche y que me obligó a ponerme los tapones de cera.

Las del alba serían cuando me eché a caminar cuesta abajo por las silenciosas calles del pueblo a esta hora dormido como un bendito; los gallos tocaban diana desde sus corrales, los gorriones metían una escandalera de mil demonios alentando al personal a dejar la cama y ponerse en acción. Recordaba las quejas de gente del pueblo vecino a mi casa, Griñón, en donde las ordenanzas musicales habían prohibido gallos, gallinas y perros fuera de la vivienda por la noche. Así van las cosas. Y ya me dirán qué es un pueblo sin gallos matinales que canten al alba. Los pueblos con el tiempo dejarán de ser pueblos para convertirse en delicados lugares en donde los vecinos habrán perdido definitivamente su contacto con la naturaleza. Las ordenanzas municipales terminarán por dejar todo tan ordenado que hasta es posible que en un futuro lleguen a controlarnos hasta el aire que respiramos. Follar, porque se hace ruido y se molesta, de tal hora a tal hora los sábados y con las ventanas cerradas; a la hora de la siesta todo el mundo chitón hasta la hora que el alcalde diga; jugar a la pelota, ni soñando. Todo lo divertido que tenían los pueblos y que Ana María Matute y Miguel Delibes recrearán en sus novelas para nuestro gozo quedará prohibido. La asepsia vecinal habrá trasladado todos sus divertimentos a la fiesta del patrón del pueblo. Los inconvenientes de vivir unos junto a otros no son pocos en ocasiones. Nuestra casa, vivimos aislados en el campo y sólo con eventuales vecinos los fines de semana a una distancia no inferior a los doscientos metros, es el mejor lugar donde hemos podido elegir vivir, allí no llega el correo ni el camión de la basura, pero en compensación estamos también lejos de la ordenanzas municipales y de los problemas que acarrea la vida comunitaria.

Hoy sería un día largo largo, uno de esos días para los que las piernas del caminante no están todavía preparadas, cuarenta y tantos kilómetros de ancha pista inclemente que terminará subiéndose por las alturas bajo un sol de justicia y que no dará tregua para encontrar un lugar medianamente bueno para sestear. Terminé parando a la sombra de una encina tras acabar con la lectura de La ilustre casa de Ramires, de Eça de Queiros que tenia abandonada desde que dejé este sendero del sur. Cuando descargué y tendí el aislante estaba tan cansado que fui incapaz de comer nada. Me metí bajo el mosquitero y durante dos horas desaparecí del planeta, un vacío negro y deshabitado de sueños me cubrió por completo.

Comedores de cerdo y sus detractores

Cercanías de Constantina, 3 de julio

La siesta del día anterior me había aliviado algo pero un algo del todo insuficiente; después de comer tuve que hacer un gran esfuerzo de voluntad para ponerme en marcha. Traté de despistar al cansancio mediante la lectura y así comencé un tomo de Marvin Harris, el volumen titulado Vacas, cerdos, guerras y brujas. Los enigmas de la cultura. No era un libro muy apropiado para un cuerpo tan cansado como el mío, pero resistí. Únicamente abandoné el libro frente a una oxidada alambrada de espino que se cruzaba en mi camino. Cada vez estoy más convencido de que en el equipo de todo senderista no deberían faltar nunca unas buenas tenazas con las que hacer frente a la cazurrería de algunos propietarios. En este ocasión el dueño de turno había hecho desaparecer las señales, había arrasado el camino con su tractor en mitad de la carrasca hasta el punto de que tras uno cientos de metros me fue imposible encontrar la senda original. No me quedaba otra que saltar la valla, una valla muy oxidada que podía ser peligrosa si cedía algún alambre y me producía una herida con aquello. Son mucho más seguras unas tenazas, cortas el alambre y adiós santas pascuas. ¿Como puede ser tolerable en un mundo civilizado que no se arbitren soluciones de paso y se permita que terratenientes y propietarios sigan ejerciendo derechos tan absolutos sobre extensísimas superficies de tierra?

Bueno, pues frente a una alambrada hube de dejar mi lectura. Tuve que pensármelo dos veces y prever la posibilidad de que el alambre de espino cediese. Pasé al segundo intento.

Una señal mal situada me sacó del camino y me llevó a un callejón sin salida. En una caseta situada en lo alto de un cerro me proporcionaron agua en abundancia. Pegué la hebra con un joven y su padre. Cuando anochecía definitivamente y todavía me quedaban dos o tres kilómetros, más deshacer el camino equivocado, el padre me ofreció llevarme hasta el pueblo. Naturalmente acepté la sugerencia; no, no había hecho yo una promesa a la virgen que me impidiera aceptar este tipo de invitaciones al final de una larguísima jornada de caminar sin descanso :)

A las once y media de la noche salía de la tasca en donde había cenado. Llevaba ahora en la cabeza a ese joven insustancial que parece se va a convertir en rey de este país. Recordaba cómo había reaccionado meses atrás cuando una mujer se acercó a él para entregarle la convocatoria de un acto público relacionado con los desahucios. Su respuesta fue la propia de un gilipollas sin remedio. Le dijo a aquella mujer algo así cómo si es que estaba persiguiendo su minuto de gloria en la historia. Especímenes de este calibre los hay a montones en nuestra España de charanga y pandereta. Menos mal que ahora tienen a alguien sin pelos en la lengua dispuesto a ponerles en ridículo.

Dormí en las afueras de Cazalla de la Sierra. No, no estaba mi cuerpo para madrugones. Me levanté cuando me dio el sol en la cara. La primera parte de la caminata de hoy fue una joya, una pequeña senda que corría haciendo compañía a las abundantes agua del Ribera de Huesna en medio de un agradable bosquecillo. Luego la cosa fue menos bucólica, ventimuchos kilómetros bastante hacederos en total. En esta ocasión fue la espalda la que me tuvo a raya mientras detractores del cerdo y comedores del mismo animal se alternaban en el discurso de Marvin Harris. Para casi todo hay explicación si buscamos en las fuentes adecuadas. En este caso las investigaciones de lo antropólogos son un buen modo de acercarnos a esos extraños comportamientos en donde en un país como la India en el que se pasa hambre haya millones de vacas intocables, o la curiosidad de la prohibición de comer carne de cerdo de mahometanos y judíos.

Paso el final de la tarde en un tranquilo olivar donde llegan monótonos los sonidos de las esquilas de las vacas.

Una belleza incompatible

Cercanías de Puebla de los Infantes, 4 de junio

Etapa Constantina-Puebla de los Infantes. El runrún de la televisión sobre mi cabeza es como una zambomba sonando inclemente a un palmo de mi oído. Después de tomarme un par de tónicas, descansado y un poco más objetivo puedo mirar a la mañana con algo más de benevolencia. La verdad es que hoy empecé a estar jodido antes de lo esperado. No, no me llevo bien con el asfalto ni con esas kilométricas y monótonas pistas que me veo obligado a recorrer. No son mi fuerte, además lastiman mis pies; en la planta de mi pie izquierdo había empezado a crecer una ampolla que hoy, a mitad de mañana, ya adquirió dimensiones suficientes como para obligarme a caminar como un pato. Paré a curarme y a arreglarme una uña pero el mal ya estaba hecho. Caminar por decenas de kilómetros sobre una superficie plana y uniforme produce esta clase de desarreglos. La regularidad de una pisada siempre la misma termina por hacer mella en algún lado. Quizás habría sido más práctico traerme las botas para este tipo de camino, o acaso unas zapatillas con las suelas más gruesa. En fin, cosas del oficio de caminar.

Por cierto que hablando de patos, esos simpáticos y bellos animales; me llegan hace un momento malas noticias de casa, malas para una pareja que ha adoptado nuestra piscina como su hábitat para toda la vida. Son dos animales muy bellos, uno de plumaje irisado de verde y el otro, creo que la hembra, de tonalidades sienas y marrón tostado. Ya habían aparecido en nuestro parcela en algunas ocasiones en años anteriores, pero nunca había hecho de la piscina su estanque particular. Este año, cuando los vimos aparecer fuimos enseguida a por la reflex para dejar constancia de tan bellos ejemplares; recuerdo que incluso insinué a Victoria la posibilidad de hacerles un comedero. A última hora ni les asustaban los perros ni echaban a volar cuando nos acercábamos. Otra bonita compañía que añadir al entorno de nuestra casa, nos dijimos: patos, peces, pájaros a mogollón, erizos, conejos, abubillas, urracas, dos gatos, golondrinas. Total, ya convertimos la parcela en un zoológico. En fin, todos felices hasta que descubrimos que estos bichos dejan unas cagadas oscuras y semilíquidas en el borde de la piscina que resisten todos los métodos de limpieza, ni siquiera la hidrolimpiadora puede con ello. Yo había limpiado aquello varias veces pero en casa no me habían hecho mucho caso, ha tenido que pasar el turno de limpieza a la hortelana para que se echara las manos a la cabeza y propusiera seriamente la expulsión de nuestro entorno a estas bellas aves. Somos amantes de los animales pero como se ve nuestro amor no es un amor platónico y ciego.

Y volviendo a las cosas del camino tengo que decir que después de haber caminado más de una semana por estas tierras encuentro, al menos hasta ahora, que no cumple esta ruta todo lo que yo esperaba de ella. Quizás estamos demasiado acostumbrados a poner por las nubes muchos de nuestros GRs, creo. No estaría de más si fuéramos capaces de hacer una valoración justa de ellos. Y lo digo desde la perspectiva de los años que tengo, quiero decir que de la misma manera que selecciono muy cuidadosamente mis libros a leer porque ya no tengo todo el tiempo del mundo para ello como me sucedía cuando tenía veinte años, del mismo modo me sucede con los caminos. Tanto a los caminos como a los libros debería exigírseles un determinado grado de belleza; ya lo dije en otras ocasiones, un libro para ser bueno tiene que llegar a emocionarnos y algo no muy diferente les sucede a lo caminos. Recuerdo la crisis que pasé el año anterior cuando me metí en el empeño de dar la vuelta a España a pie y en el mes de septiembre tropecé, ya en el Mediterráneo, con interminables urbanizaciones cuyo tránsito se me hacía insoportable. A punto estuve de acabar allí con mi proyecto. Luego resistí y a partir del delta del Ebro acepté que también, como en los libros, hay que atravesar por zonas áridas para llegar a los tesoros que pueda haber escondidos en la totalidad de las páginas. Quizás sea ese el caso también aquí, pero... no sé, veremos, espero que lo que me quede por delante me anime un poco. Aquello de que mi amigo Ignacio Aldea hubiera atravesado todo esto en un burrico debió de actuar sobre mi gustos literarios no en menor manera que mi afición de caminante.

Lo poético, como sucede más arriba con el caso de los patos es un señuelo que vale mientras los patos no se caguen donde no deban o mientras, en el caso de los senderos, no abunden en exceso carreteras de asfalto y despiadadas pistas forestales. A los diseñadores de caminos cabría pedirles risueños caminillos, barrancos, riberas de ríos, hermosos parajes que atravesar, una bonita luz para hacer tomas meritorias y si se tercia una buena colección de chicas bonitas que alegren de tanto en tanto con su presencia la belleza adusta de alguna mañana de primavera.

Hoy tocó también olivar para pasar la noche. Los pajaritos lejanos y un gallo peleón de un cortijo cercano acompañan con su música el final de la tarde.

¡Ah, mujeres...!

Hornachuelos, 5 de junio

Etapa Puebla de los Infantes a Hornachuelos.

Estoy empezando a pensar que definitivamente esto no, no es lo mío. A esta conclusión he llegado tumbado en un puente que cruza el "río" Guadalvacarejo, frente a un hermoso ejemplar de adelfa. Las adelfas son de las pocas cosas que salvan la jornada, espléndidas, agarradas a las desnudas rocallas de un riachuelo que crucé, cubriendo zonas aisladas que con ellas visten de lujo el entorno. Tras la siesta en las afueras del pueblo había mirado la línea azul del track que dejaba el embalse del Bembézar junto a Hornachuelos con cierto alivio después de recorrer mucho kilómetros de asfalto para llegar a otro embalse, el de Retortillo, pero cuando llegué al cruce resultó que la línea azul del track se superponía tan exactamente con la de la carretera que producía la ilusión de caminar solita por medio del campo. Nada de eso, no sólo es que de nuevo tuviera un montón de kilómetros de asfalto por delante, es que además a izquierda y a derecha las consabidas vallas de alambre de espino se levantaban casi inmediatamente tras el arcén. Quizás a alguien le divierta caminar en estas circunstancias, a mí desde luego no. La valla sólo se interrumpía momentáneamente para cruzar un riachuelo. Por la orilla de este riachuelo tiré hasta quedar tumbado frente a la acacia. Me comí tres plátanos y me puse a pensar qué iba a hacer. El cielo se está cubriendo sospechosamente, pero no hay problema, he inspeccionado el túnel que sostiene la carretera y está habitable, el único incordio de momento, en este ambiente pastoso de final de día caluroso dispuesto a convertirse en lluvia, son las hormigas voladoras que han empezado al subírseme por encima.

Es muy grato tumbarse al final de la tarde junto a un riachuelo y dejarse llevar por el breve alboroto del agua, el cuerpo realmente cansado, las ampollas aliviadas de no tener que soportar mi peso, la certeza de no tener que hacer más kilómetros de momento, el tiempo para oír a las ranas y la libertad para hacer lo que me dé la gana, incluida la posibilidad de buscar mañana un autobús que me lleve a la estación más próxima del AVE.

A esta hora es justo también que recuerde un apacible camino que esta mañana abandonó inesperadamente el asfalto para recorrer la ribera del arroyo del Guadalora y que llevaba el sugestivo nombre de sendero del Águila. Luego la senda derivó por aquí y por allá subiendo pequeños cerrillos de pasto agostado hasta que cerca de Hornachuelos me topé con don Curro y su vespa. Nada más verme ya me ofreció un buen trago de agua fresca. Curro viste una discreta coleta de pelo entrecano, debe de andar por los sesenta y se presenta como botánico y como presidente de un patronato que está tratando de acondicionar un poblado ibero que se descubrió hace una décadas junto a un olivar que me señala con el dedo sobre la

ladera de una loma cercana. Un hombre parlanchín que enseguida se mete por los vericuetos de la historia para mostrarme la alcurnia de estas tierras. Hablamos de los hornos de cal, que aquí llaman caleras, con los que me he cruzado en el camino y me cuenta que todavía hay un vecino de Hornachuelos que fabrica su propia cal.

Ha salido el sol mientras hablamos y me dice que tiene que marcharse, que está recibiendo quimioterapia y es peligroso que le dé el sol. Un cáncer de colon que parece no preocuparle mucho porque se lo han cogido a tiempo. Nos despedimos, pero cuando el camino da un giro a la derecha encuentro que me está esperando a la sombra de un alcornoque. Me ofrece un ramillete de tomillo y aprovecha para mostrarme algunos ejemplares de malvavisco que yo confundía con la planta de la achicoria de la que había un ejemplar más adelante. Después encontramos malvas y más allá, a la izquierda, algunos ejemplares de rompepiedras con los que me familiaricé el pasado año como consecuencia de un cólico al riñón. Me señaló algunas plantas más de lo alrededores pero mi memoria no fue capaz de retener sus nombres. Se ofreció a acompañarme en una expedición botánica la próxima vez que pasara por allí. Me costó trabajo convencerle para que no fuera a su casa y volviera con un frasquito de alcohol de romero que fabricaba él mismo. Sonó su teléfono, era su mujer que se interesaba por dónde estaba, había salido el sol y le recordaba que si no estaba nublado tenia que estar en casa. Ah, mujeres... ¡qué haríamos nosotros pobres hombres indefensos si no tuviéramos a una mujer que velara por nuestra salud y bienestar!

Tierra de girasoles

Almodovar del Río, 6 de junio

Montserrat Castellano, mi amiga amante de los caballos, seguro que su yegua Jazz ocupa un primerísimo lugar entre sus amores, comentaba aquí anteayer que lo girasoles le recordaban aquellos otros de su niñez, un tiempo en que fue inmensamente feliz. Ese adverbio usa, inmensamente. ¿Quién no ha encontrado siempre entre el paisaje de la infancia uno de los mejores tesoros de su vida? ¿Cuántas veces nuestra vida adulta recurrirá a ese espacio algo misterioso y mágico en el que hubo hechos y circunstancias que hoy recordamos con tanto cariño? Montse no se conforma con un adjetivo corriente, usa aquel de inmenso, felicidad inmensa. Ya hablé frecuentemente de los libros de Ana María Matute y Miguel Delibes, especialmente aquellos que hablan de la infancia transcurrida en los pueblos. Yo no tuve pueblo en mi infancia, ni un arroyo junto a mi casa llamado Almar, pequeño pero con pretensiones de alcanzar algún océano, como le sucedió a una antigua novia, donde ella cazaba ranas y arrancaba juncos para trenzar el armazón de algún barquillo, pero pasé largos veranos junto a un río viviendo en tiendas de lona que confeccionaba mi propia madre. No viví en un pueblo pero creo que aquel río del verano vivió en mí durante toda la infancia como si la vida a la que pudiera aspirar después fuera ese río y las aventuras que corríamos en sus riberas. Cuando las primaveras de mi infancia

53

empezaban a asomar la cabeza tras el invierno, mis pensamientos corrían ya hacia los dos meses de verano que me esperaban junto a mi particular Mississippi emulando a Huckleberry Finn. Los girasoles de mi niñez eran las tomateras, los pepinos y los calabacines de una huerta cercana a donde acampábamos. Allí transcurrieron para mí los momentos más felices de mi infancia. ¡Quien sabe si este caminar de un lado para otro tiene algo que ver con la búsqueda a ultranza de ese paraíso perdido de cuando era niño! Ese paisaje de huertas, de ribera de los ríos, los campo de cultivos, los girasoles, los barrancos, también en el río Alberche de mis veranos llenos ellos de adelfas como aquí; y cómo no, ese dormir junto al río y despertar en la noche con el manto de las estrellas sobre nosotros. ¿Quién duda de que la infancia deja una gran impronta en nosotros?

Sí, estamos en tierra de girasoles. Esta mañana alfombraban el campo hasta perderse de vista en el horizonte. Por demás la mañana fue clemente con mis pies. La noche anterior no había puesto el despertador pensando que si acaso tenía que coger un autobús en Posadas camino de casa no me convenía llegar muy pronto al pueblo. Sucedió que sí, que aparecieron los girasoles y me encontré muy a gusto en este paisaje agrícola en donde los acebuches acompañaban al camino y en donde entre los olivos y los alcornoques asomaba ese amarillo brillante a esta hora ya alejados de mi querido y añorado asfalto. Total, que como no tenia prisa me senté a la sombra de una adelfa y aproveché para recordar los girasoles de Montse y desayunarme una tortilla con jamón. Después me enganché a Dickens y más tarde a Gómez de la Serna, La quinta de Palmyra, una escritura barroca y llena de florituras que desecharíamos hoy pero que tiene el sabor de esa época de principios del pasado siglo en que los caballeros usaban enroscados bigotes; me enganché y todo fue coser y cantar hasta el punto de que ni siquiera me digné acercarme al siguiente pueblo; seguí hasta el almenado Almodovar del Río, cuyo castillo en una picorota a la orilla del Guadalquivir se veía constantemente en la distancia por encima de los olivares.

En el camino me crucé con un jinete que montaba un caballo asustadizo que me evitó echándose a un lado tras unos olivos. Un amante más de estos bichos grandotes a los que mi cuerpo nunca se acostumbró. Desde el pasado año, que tantos kilómetros hice con mi amigo Ramón, él sobre su rocín, y su perro y yo a pie como un Sancho Panza a modo de escudero, he tenido oportunidad de familiarizarme con estos fervorosos amantes en muchas ocasiones, la última vez un amigo gallego que inauguró su jubilación montando su caballo camino de Santiago. Sí, los amantes de los caballos, incluida mi amiga Montse y esa dichosa novia a la que tantas veces me referí en este blog, tienen algunas características interesantes comunes. Si les preguntas cual es la criatura más hermosa del universo te responderán con los ojos cerrados que sin lugar a duda el caballo; casi siempre se trata de amantes fervorosos, si charlas con ellos y no tienes cuidado son capaces de tirarse dos días y medio hablándote de las excelencias de su tal o cual. En los caminos de Santiago nos encontramos cientos de ellos, incluso alguno fue capaz de invitarnos a comer para poder terminar de hablarnos de sus caballos favoritos.

Quizá mi amigo Ramón, el caballero andante, sea la excepción y aun siendo muy muy amante de ellos, puesto en la tesitura de tener que elegir para permanecer en una isla desierta con algún amor me temo que no sería precisamente un caballo lo que elegiría. Los tantos días de ayuno mientras dábamos la vuelta a España habían afinado su olfato hasta tal punto que cuando en un albergue nos encontrábamos con alguna guardesa dejaba de ser el amigo fraternal de siempre para intentar acaparar la atención de la Dulcinea de turno; situaciones por demás en las que uno, que se pasa la vida diciendo que es un tímido de narices, dejaba la timidez a un lado para competir en ese curioso escarceo que se produce cuando dos elementos del género masculino pretenden hacer la corte a una fémina que se cruza en su camino tras largas jornadas de sufrido ir y venir por los senderos del mundo.

Encandilado debía ir yo, me temo, con el recuerdo de una moza de buenísimo ver, guardesa a la postre, y de una simpatía embaucadora, una de esas guardesas por las que uno habría abandonado con lo ojos cerrados la aventura de caminar por otra aventura, que Dios, cuando se entrevé entre los efluvios de una queimada aparece como la cosa más deseable del mundo. Decía que encandilado como iba, entretenido con estos pensamientos, lo más probable que podía pasar es que perdiera el norte y que cuando me despertara me encontrara que hacía tiempo que me había perdido. Total, perdido estaba, por delante una alambrada de dos metros con espinos en lo alto, la valla giraba a mi izquierda y me obligaba a ir en dirección oeste. Exactamente lo contrario. La línea azul de mi track había desaparecido de la pantalla de mi teléfono hacia mucho tiempo. Puaf, arriba, abajo, a la derecha, a la izquierda... Terminé encontrando que la valla tenia una pequeña holgura por abajo y por allí me colé tras algún esfuerzo. Encontré mi track original campo a través ya cerca de la orilla del Guadalquivir. Sólo me quedaban un par de kilómetros para llegar a Almodovar del Río.

Los vientos de una nueva república

Trespalacios, 7 de junio

Me despertó una lluvia fina sobre la cara. Pies para que os quiero, que decía mi novia la de los caballos. Recogí zumbando pensando en proteger mi saco de dormir y la poca ropa que llevo.

Levanto la cabeza hacia el televisor que estremece con su ruido las paredes del chiringuito donde he parado a descansar y me admiro, pensando en lo pejiguero que soy, que sea capaz de escribir en medio de este estruendo futbolero. Son la hostia los aficionados estos al espectáculo de veintidós tíos corriendo tras un trozo de cuero lleno de aire. Pareciera que se les fuera el alma tras la suerte que corre ese pedazo de cuero. El deporte nacional. Somos los campeones del mundo de ese juego que consiste en introducir el trozo de cuero entre tres postes de madera, lo cual enorgullece a la mayoría de personal de estas tierras, mientras que ninguna de nuestra universidades está dentro de las doscientas mejores universidades del mundo. Sin embargo todos contentos y banderas da per tutti en esta España nuestra; para eso somos pura charanga y pandereta. Quién sabe, lo mismo nuestro querido Antonio Machado era aficionado al fútbol. A mí lo que me pasa es que cuando veo tan inspirados y entusiasmados por el fútbol a ese canallita de Aznar y al Pato Donald, su amigo Rajoy, tan bien bautizado por Pablo Iglesias últimamente, no puedo evitar mis reticencias de siempre contra este deporte que sirvió junto a los toros durante el franquismo para hacer olvidar a la gente la cadena que cada ciudadano llevaba engarfiada en sus tobillos. Es como la inundación de monarquía y sus colaterales que invade las tierras de España estos días a través de las televisiones estatales. Mientras tanto los problemas reales ni se ven. Ya, ya, me fui por los cerros de Úbeda, lo sé.

Lo que corresponde decir a continuación es que escribir en estas condiciones en que los cristales vibran bajo la presión del fútbol dice mucho de mi capacidad de adaptación al medio.

Y basta ya, que lo que estaba sucediendo era que todavía no habían dado las cinco de la mañana y se había puesto a llover y no quedaban más naranjas que salir pitando, recoger, colocarse la capa de agua y ponerse en camino a filosofar bajo la lluvia y a sacar de la situación un poco de poesía que es el recurso de los enamorados cuando les han dado calabazas o el de los dormilones como yo que, caminando como un zombi en una oscuridad betunosa en donde era imposible encontrar una estrella sobre el cielo, ya tratan a esta hora temprana de hacer del momento un pequeño templo en donde recogerse. Pero no cayó esa breva, no había poesía en la mañana, caía un leve calabobos y yo estaba más dormido que todas las cosas, lo que hacía que me tambalease a un lado y a otro de la pista. La lluvia me había sacado de un sueño espectacular en donde el colegio en que he trabajado durante treinta años se quemaba. Junto a la fachada del colegio alguien había apilado varias toneladas de leña y el fuego se extendía peligrosamente hacia allí. Mientras tanto yo corría desesperadamente a conectar una ridícula manguera a un grifo. No hubo tiempo, el fuego alcanzó la leña y entonces se produjo un espectáculo impresionante en medio del cual yo trataba de alcanzar la salida que me alejara del fuego. Me recordaba una película de Disney en la que Bambi intenta huir del incendio que arrasa el bosque. No sé, nunca me convencieron las explicaciones que Jung y Freud nos ofrecieron para explicar los sueños. Éstos aparecen a veces como un arranque de locura en la sinrazón de los durmientes, algo así como si alguien jugara a los bolos o a la lotería con la materia prima de nuestras obsesiones, nuestros deseos, nuestros soterrados problemas personales, haciendo de su revoltijo, como quien mezcla arbitrariamente los colores en una paleta, ese cuadro expresionista que son lo sueños.

Bien, basta de circunloquios. El día que comenzó con esa amenaza de lluvia se convertiría inesperadamente, gracia a las nubes y al ambiente que una niebla ambulante fue dejando entre las lomas cubiertas de encinas y alcornoques, en el día más hermoso de mi recorrido. Mañana como de invierno rociada de tanto en tanto por una leve lluvia que no pasaba de ser un regalo para el caminante. Los propietarios de la zona se habían portado y dejaban abiertas las puertas de sus fincas para que el caminante solitario se deleitase con los caminillos y con esa leve atmósfera en donde el amarillo intenso de la cebadilla combinaba a la perfección con el tabaco oscuro de la tierra arada, con la agostada vegetación ocre que se balanceaba junto al camino.

Estaban también los caballos que curiosos y somnolientos se acercaban al caminante para mirarle el rostro pero que salían huyendo cuando éste en la incierta luz del amanecer pretendía fotografiarles. Las vacas, las ovejas esquiladas que se quedaban abobadas mirando mi paso y que salían espantadas cuando pretendía hacer un toma en donde la suavidad del campo y la niebla hacían de la mañana una deliciosa composición al pastel.

En Santa María de Trassierra ya había desaparecido este regalo que fue atravesar los bosques de los campos de cultivo envueltos en tules y aterciopelados encajes. Salió el sol y la poesía desapareció disuelta cómo un azucarillo en la prosa del mediodía.

Después, para no perder la costumbre, hundido como voy en mis lecturas o en mis pensamientos, fue perderse. Y como otras veces, mi cabeza dura, que es reacia a retroceder, que es lo más lógico casi siempre, se empeñó en buscar un camino alternativo que se complicó, se llenó de vallas, se hizo selva infranqueable y, arrastrando, siguiendo las trochas bajo la vegetación de los jabalíes terminé al cabo de media hora por alcanzar la senda correcta.

Y termina el fútbol y en la La Sexta aparecen las manifestaciones que claman en las calles de España por el derecho de los ciudadanos para decidir la forma de gobierno que deseen. Los manejos del PP y del PSOE, la cúpula del PSOE, ese partido en deseada extinción, apuestan duro por hacerse lo sordos frente a las voces de la calle... como siempre of course.

Se está haciendo tarde. He encontrado casualmente un chiringuito y aquí he echado una parte de la tarde. Es hora de salir a buscar un lugar para pasar la noche.

Caza de brujas

El Vacar, 8 de junio

Cuando uno aprende en Marvin Harris, Vacas, cerdos, guerras y brujas, que la caza de brujas llevada al efecto directa o indirectamente por la Iglesia o por los poderes políticos interesados, y en donde se torturaron monstruosamente y se quemaron a más de medio millón de mujeres inocentes, no era más que una maniobra de distracción de los ejecutores para tener a la gente corriente desviada y ocupada en otros asuntos que les atañían y que podían hacer zozobrar el poder de la clase dominante; cuando provocaban falsas delaciones en cadena en donde, ante los métodos de torturas más sofisticadas, las acusadas se veían, bajo tortura, a delatar a vecinos o conocidos como implicados en los aquelarres como medio de evitar las penalidades y sufrimientos a que serían sometidas; es decir una terrible historia de exterminio cuya finalidad era sembrar el terror entre el pueblo; cuando se hacía todo esto, que no era otra cosa que forzar a una gran parte de la población a bajar la cerviz ante el desmán de los poderosos, de todos aquellos de los que se querían aprovechar, o a someter a cuantos hubieran querido mejorar el mundo y sus condiciones de vida, cuando todo esto sucedía en toda Europa entre la Edad Media y el siglo XVII, aquello no estaba lejos de todos los hechos bochornosos y criminales que asolan nuestros últimos cien años de historia, como tampoco lo está la última historia de

Pinochet en Chile , de Argentina, de Vietnam, de Afganistán, de Irán, del fascismo alemán. De una manera u otra hay que aplastar a los disidentes, asegurar la fuente de materias primas, preparar a inmensas zonas geográficas del mundo para que sean fuentes de beneficios supermillonarios para una élite ubicada en Estados Unidos, Corea del Sur, Arabia Saudita o vaya usted a saber. Si, convertir el Planeta al neoliberalismo para que los ricos sigan siendo cada vez más ricos y los pobres más pobres. De ahí el miedo también que provoca en Estados Unidos la palabra "comunismo".

La táctica: inventar brujas que vuelan en escoba, satanizar a unos y otros, bombardear países, arrasar el subcontinente asiático con napalm. Hechos que en esencia no difieren a otra escala con el modo en que los vencedores, por ejemplo, aquí en España, trataron de satanizar a todos aquellos que no pensaban como ellos y a los que apelaron rojos, significando con ello que todos eran materia de cañón y deleznable carroña que había que extirpar de España. Esa palabra, rojo, como siglos atrás fue bruja, por efecto de la presión de los medios sometidos y de todos los conmilitones que se benefician de cierto estado de cosas, el dinero, la Iglesia, lo grupos de presión, los corruptos y toda la mala ralea que vive como sanguijuelas chupando del sistema; esa palabra, rojo, decía, termina inoculándose en el subconsciente colectivo de manera tal que basta bautizar a un grupo con ella para que éste quede estigmatizado y fuera del orden. El franquismo hizo un uso exhaustivo de ella para nombrar cualquier leve oposición de régimen. Felipe González días atrás, desde el pulpito de las siglas de un banco quiso fabricar una de estas palabras después de conocer los resultados de las últimas elecciones. La palabra era bolivarización, palabra en la que parece que quería meter a todos aquellos partidos que están a la izquierda del PSOE. Pero me da que la palabra no es fácil de pronunciar y no va a tener éxito. A Felipe González parece que también le gustaría meter a los disidentes en el cuerpo de una bruja.

En nuestros días es ya un procedimiento corriente recurrir a determinados términos por parte de los que detentan el poder, que con suerte, si lo población alelada se acostumbra a él y lo asocia con algún tipo de demonio, tiene una buena parte de su camino hecho. En estos años, ante el empuje de la contestación y la indignación, Aguirre y sus secuaces quisieron acuñar otro término para todos aquellos que no seguían las directrices del PP, empezaron a llamarlos antisistemas; vamos, la alternativa a bruja o rojo. Decir indignados o entrar en el juego de usar la palabra dignidad hubiera sido una táctica equivocada cuando se trata de estigmatizar a una gran parte de la población que lucha por una mayor justicia social y económica.

¿Que qué tiene que ver esto con un blog dedicado a los amantes de andar de aquí a allá por las tierras de España? Pues mucho, hoy todo esta asunto estuvo en la cabeza del caminante mientras se daba un gran chute de kilómetros por el inclemente asfalto. Fue como meterse en el cuerpo un puñado de anfetaminas para enfrentar la dureza del suelo y la monotonía de este sendero de carbón. La mañana había despertado con una deliciosa niebla que se enredaba entre los pinos y las encinas creando un ambiente de cuento, pero allá después de las diez salió el sol y más tarde se presentó el asfalto recto, como un rayo de luz de muchos kilómetros y el remedio práctico que se me ocurrió después de seguir en inglés a través de la Transilvania a Drácula, fue continuar con los movimientos contestatarios de los disidentes judíos de Marvin Harris, entre los que se contaba Jesús, ese Jesús tan deformado por nuestra muy "gloriosa" y pomposa Iglesia Católica que ha usado siempre su nombre para construir edificios fastuosos, quemar brujas y exterminar, también ella, a los disidentes; y después pasar al capítulo siguiente dedicado a las brujas, lo que hizo más liviano mi caminar por el asfalto. Si el asfalto es duro, el tema de la brujas y su relación con nuestra santísima Iglesia Católica lo es mucho más. Lecturas que te hacen temblar de indignación, que te enseñan como se va construyendo la realidad a lo largo de los siglos, una realidad que hay que buscar en los libros porque la interpretación institucional que hacen la escuela y los libros oficiales de los hechos pasados es realmente un insulto para la inteligencia. Puro mangoneo en las relaciones de poder, ese es el conocimiento que recibimos, que recibí, yo por lo menos, en la escuela y en la universidad.

Hoy aprendí durante mi jornada de caminante un buen puñado de asuntos relacionados con las brujas. Empecé estas notas después de la siesta bajo una encina que había tras una valla cuya puerta estaba abierta. A las seis tuve que interrumpirlas porque vino el dueño, que se marchaba a casa y tenía que dejar la finca cerrada con candado. Me dieron las ocho de la tarde terminando este post al otro lado de la carretera. A veces la escritura se hace imperativa y no puede esperar. Voy a ver si

camino un ratito más ahora que el sol se ha hecho más
clemente.

67

En el embalse del Guadamellato

Embalse del Guadamellato, 9 de junio

La brisa levanta pequeñas olitas que hacen un ruido suave sobre una orilla abrasada por el sol. Mi cuerpo está cansado, comencé a caminar antes de las seis de la mañana y son las tres y media de la tarde. Hasta las diez, cuando llegaba a Obejo procedente de Vacar, se caminaba bien, incluso hacia fresco, pero no tardó en volverse sofocante el camino mientras la senda discurría por las lomas que se dirigían al embalse del Guadalmellato. No he hecho muchos kilómetros, unos veinticinco, pero me pesan como si fueran un centenar. Los cuarenta kilómetros que separan Obejo de Adamuz me sugirieron cargar con tres litros y medio de agua más la comida correspondiente; demasiado para mis espaldas. Hoy, el libro que comencé, Amor bajo la lluvia, de Nayib Mahfuz, no ha ahuyentado de ningún modo mi cansancio, a la fatiga de intentar retener los nombres árabes se unía un sol abrasador y una pista con sus consabidas vallas a lo lados que me impedían buscar una sombra un poco más allá. En algún momento encontré una cancela que pude abrir. Me tumbé a la sombra de una encina y me quedé dormido. A la dos y cuarto tuve que hace un esfuerzo para volver al camino. Me quedaban unos tres kilómetros para alcanzar uno de los brazos del pantano.

El campo adquiere un aire de libertad cuando desaparecen las vallas o las señales que el hombre va dejando a su paso. En esta ruta el campo casi siempre es un prisionero de terratenientes o de grandes propietarios, uno pasa por ellos como de prestado, como a quien han hecho un notorio favor dejándolo atravesar por ese estrecho camino que cruza el norte de Andalucía. De todos modo no me puedo quejar, ayer, saliendo de Vacar tomé un atajo que me dirigía directamente a Obejo sin pasar por Villaharta y resultó un bello paisaje de colinas, después el campo, ya lejano del lustroso verde de la primavera, vestido ahora del amarillo cálido de las cebadillas en donde aparecen de tanto en tanto el rosa de fuego de las adelfas; es un paisaje distinto pero es hermoso igualmente. Los olivos son la permanente presencia en estas lomas.

Después de un rato me he lavado en las aguas del embalse y a continuación me he sentado en la orilla. He dejado que mi pies se refrescaran en el agua. No hacía nada, no pensaba en nada, me dejé llevar por el momento y el frescor del agua en mis pies; esto tenía pinta de no albergar a nadie en muchos kilómetros a la redonda. Había una luz y un calor de siesta que la brisa y el agua templaban hasta hacer del momento una caricia. Con lo que llevo encima puedo vivir dos días, lo que me proporciona el placer añadido de mi sensación de libertad. Agua, viento, tierra, luz y ninguna valla a mi alrededor.

Mario y Lucía ¡que sí, que ya falta menos para el primer cumpleaños!

El próximo sábado es el cumpleaños de mis hijos mellizos, Lucía y Mario, y no voy a faltar a la cita que nos reúne cada año alrededor de la tarta y sus velas. Me quedan alrededor de ciento setenta kilómetros para llegar al Despeñaperros, donde termina este GR. No estoy seguro de si me dará tiempo a terminarlo. Como no necesito ninguna compostelana ni credencial ni certificado y que, como está claro, camino porque me da la gana y por donde quiero, si no llego, pues no llego. Hoy gozo de una soledad tan magnífica en un paisaje tan bonito y solitario, que apañados estaríamos si tuviera que salir corriendo para llegar a la puerta del Obradoiro de Santa Elena, en Despeñaperros.

Después de la siesta la pista corre monótona entre los pinares y las lomas que rodean el embalse. Se ha nublado, tampoco hay cobertura para consultar el tiempo. Mientras sigo los acontecimientos de la novela de Nahfuz indago los alrededores en busca de un refugio de ocasión y curiosamente en una curva aparece uno, los restos de un antiguo chiringuito con unas placas de chapa que cubren una terraza elemental. Al lado del edificio hay una fuente. Para mi cómo si hubiera encontrado un hotel de cinco estrellas. Limpio un par de sillas de resina y saco mi cena mientras termino uno de los capítulos. Se hace de noche en medio del zumbido de lo mosquitos. Es hora de meterse en el saco. Buenas noches.

A la orilla del Guadalquivir

Junto a Montoro, 10 de junio

Como dije alguna vez esas gruesas mancha azules que atraviesan los mapas son una de mis debilidades, por eso, tras la comida no paré hasta tropezarme con ellas; en esta ocasión se trata de uno de lo grandes ríos de la Península, el Guadalquivir. Llegué sobre las seis de la tarde, el río no se veía pero la línea de los árboles que cruzaba de parte a parte el paisaje lo delataban. Dejé el camino y, selva a través, llegué hasta la orilla. Un apacible sombreado emboscado en la maleza donde los pájaros organizaban un agradable concierto de múltiples voces.

Era la hora de dedicar un rato a mi crónica diaria. Tumbado como un pachá rodeado por este pedazo de naturaleza que la bondad de las aguas ha embellecido con toda clase de vegetación y aves de deleitoso canto y, asumiendo que hay cosas que sólo a Homero y sus sucesores corresponde describir de manera apropiada, al caminante sólo le queda la opción de decir que la cosa, con un calor pegajoso que invita a demorar el viaje hasta muy última hora de la tarde, está hermosa y que si no fuera por este propósito de dejar constancia de lo sentido, lo visto o lo pensado durante el camino mejor me habría válido echarme una siesta acompañado por la música volatera que viene de la frondosas ramas de los álamos: álamos del río, conmigo vais, mi corazón os lleva.

No, al final la noche se portó, no llovió, despejó y salio la luna lunera cascabelera. Cuando sonó el despertador una delgada línea de claridad apuntaba por levante. Estamos cerca de los días más largos del año y yo sigo levantándome a la misma ahora, de manera que sin apenas darme cuenta día a día el sol me va llevando la delantera y ya casi me ha dejado sin noche para caminar. Cuando remonto el primer alto, tras abandonar la techumbre de chapa que me ha protegido del relente de la noche, las aguas del embalse salen del pozo de sombras del bosque reflejando en su superficie la azulada oscuridad de un amanecer que comienza a desleírse en un cielo todavía de un azul prusia de profundidad marina.

Llego a la presa, la cruzo y emprendo una pronunciada cuesta con un animo mañanero realmente novedoso, un paso que al comprobar que momento a momento se hace más vivo y que mis piernas asumen silenciosas y como concentradas en un viejo trabajo casi olvidado. Miro en mi navegador y descubro que estoy caminando a casi seis kilómetros hora por una cuesta respetable y además bonitamente cargado. Yo mismo me admiro de esta pequeña salida de madre; vamos, que incluso me pongo a pensar y me digo: pero oye, a esta velocidad , si lo resiste lo mismo te puedes marchar a hacer los cien kilómetros del Corricolari, si todavía existe, o los 101 de Ronda. Total, que me entusiasmo con la idea y eso hace que me sienta más fuerte que nunca; y me entran gana de orinar y además es ya la hora de parar a desayunar, pero no, cómo voy a parar con la marcha que llevo y con todos los engranajes funcionando a la perfección. Me fijo para parar una sombra al final de una larguísima recta, pero cuando llego allí vuelvo a inventar otro objetivo y mientras tanto vengo a recordar un amanecer después de trotar por más de setenta kilómetros ininterrumpidos cuando mis pies y mi escoceduras ya me hacían imposible dar un paso adelante y entonces sobreponiéndome al cansancio y al sueño descubrir que ¡podía correr!, sí, despacito pero podía correr. Y así resucitar de la fatiga y empezar a ser un hombre nuevo por medio de lo rastrojales que comenzaban a vestirse del dorado del amanecer. Y continuar y continuar así hasta el mismísimo momento de entrar en el polideportivo de la Pinilla donde el Aleluya de Haendel sonaba aglutinando las emociones en torno a la meta de los 100 kms.: como para echarse a llorar. Y así, con pensamientos similares, voy llenando mi tiempo que esta mañana es un juego conmigo mismo en donde yo soy también el único espectador. Así hasta que mi vejiga no puede más y me veo obligado a parar.

Tras ese breve descanso la magia del instante había desaparecido del todo. Cuando me puse en pie mis ampollas gritaban, habría esperar todavía quince minuto a que éstas entraran en calor y el dolor quedará anestesiado por el impacto continuo de mi pies contra el suelo. Y luego estaba el calor, que hasta ese momento no me había molestado y que ahora me parecía demoledor.

Los últimos kilómetros hasta Adamuz fueron otra historia, la euforia y el juego habían terminado. Cien kilómetros me volvieron a parecer una enormidad de kilómetros, demasiados para un servidor. Si no fuera un redomado ateo seguro que en las plegarias de este noche le pedía a la Virgen que me diera fuerzas para participar en una de esas fantásticas carretas en donde uno se deja hasta el alma pero que después a lo largo de la vida te sirven a través de la memoria deliciosos pocillos de autosatisfacción.

Estaba en Adamuz bastante antes del mediodía. Mientras me bebía medio litro de cerveza me dedique a ver como me podía escapar de la ruta en días sucesivos para estar en casa el viernes por la noche. Todo monte. Ni rastro de posibilidades de comunicación después de Marmolejo. En esto estaba cuando se me ocurrió indagar en qué pueblos tenía parada el autobús que hace el servicio Sevilla-Madrid, y me encontré que tenía milagrosamente parada en Montoro, el próximo pueblo en la línea del GR-48. No lo pensé dos veces. Saqué un billete para las ocho de la mañana del día siguiente.

Tengo que salir corriendo, los mosquito han empezado a devorarme en esta selva junto a la orilla del Guadalquivir.

En la Ruta de la Lana

Un podemita en la Ruta de la Lana

El Chorrillo, 8 de marzo de 2015

En unos días voy a despertar a este adormecido blog de los caminos y lo voy a poner a caminar a través de España, desde un punto al sureste del Mediterráneo hacia Burgos, y quien sabe si incluso hasta el mismo Cantábrico, que los caminos que marcan las guías, en este caso la Ruta de la Lana, no hay que seguirlos al pie de la letra. El caso es que voy a convertirme en peregrino una vez más, aunque en esta ocasión en un peregrino muy especial. La verdad es que si fuera creyente sería capaz de recorrer el millar largo de kilómetros entre Alicante y Santiago con la esperanza de que se cumpliera un deseo inaplazable, el de que el país donde se desarrolla mi vida pudiera llegar a ser un país normal, no tomado por una asociación para el crimen organizado como es el caso en esta sufrida España, una tierra tomada por la mafia de un partido político corrupto hasta las entrañas. Pero no, no soy creyente, y como la única posibilidad que veo de desmontar esta organización de ladrones que ha copado los medios como portavocía de sus mentiras y su corrupción es propiciar que los partidos de izquierda se hagan con el poder, en esta ocasión voy a ejercer de peregrino enfundado en una camiseta Podemos. He pensado que es un sencillo modo de airar esa ilusión que millones de españoles han puesto en el cambio. Además, pasear la esperanza del "sí se puede" es la única manera de no sucumbir al desánimo de seguir viviendo en un tierra carcomida en donde las sanguijuelas, miles y miles , chupan la sangre de todo el cuerpo social.

Los señoritos de Andalucía temen a Podemos, la gran banca teme a Podemos, el Ibex35 teme a Podemos, a los sinvergüenzas del PP les da pánico Podemos. ¿Por qué será? Sin embargo me voy hacia el sur con la incógnita de Podemos dentro de mí. En la encuesta de Metroscopia de hoy Podemos continúa en cabeza, pero se observa un pequeño descenso alarmante, junto a ello Pablo Iglesias, como líder, ha pasado a ocupar un puesto cercano a Rajoy, ese tétrico y patético personaje. El vocerío de los medios cercano al poder ha conseguido revolver las aguas hasta el punto de que la ilusión puede estar aquejándose de ese ruido mediático. No en Andalucía en donde la primavera aparece más avanzada que en el resto del país. No sé, el caso es que una leve tristeza corre por mi ánimo esta mañana. Se necesitan tantos votos, tantos, para cambiar radicalmente el país, que miedo me da que no haya una amplia mayoría para llevarlo a cabo.

En fin, la próxima semana me iré por ahí, por los almendrales en flor, por la primavera a punto de reventar; tocaré con las yemas de mis manos el mar y, volviéndole la espalda caminaré durante un mes siguiendo una ruta jacobea hasta toparme acaso con otro mar; esa afición mía de caminar de mar a mar; el pasado verano entre el Adriático y el Mediterráneo de Niza, el año anterior un par de veces entre el Cantábrico y el Mediterráneo; en esta ocasión entre el Mediterráneo meridional y el Cantábrico astur.

A veces uno no necesita más que una imagen para

que en el organismo se desencadene una secuencia de acontecimientos que hacen posible que pase del adormilamiento invernal a una agitación de principio de primavera, un algo que lo puede llevar a la aventura de atravesar el país a pie, por ejemplo. Una de esas imágenes que me han podido ayudar a salir del adormilamiento pertenece al muro del amigo Manuel Coronado que días atrás había colocado allí el paisaje neblinoso de una madrugada que se abría frente al tren que él conducía hacia alguna lejana ciudad del sur. Bella profesión la de Manuel conduciendo un monstruo de hierro y acero a través del tegumento peninsular. El tren es la manera más grata de recorrer el mundo. En una ocasión, en Mauritania, tuvimos el privilegio de viajar en el tren más largo del mundo; tenía tres o cuatro kilómetros de longitud y atravesaba una parte importante del desierto mauritano. La impronta que dejan los viajes y los caminos son cosas que difícilmente se pierden en los vericuetos de la memoria.

El caso es que la foto de Manuel me dio un toquecito, me susurró al oído algo que ya venía oyendo yo por distintos conductos empujándome a despertar de la hibernación y empezar a mover mis miembros entumecidos. Así que uno de estos días atrás, entre las tareas de crear una web y un foro, un trabajo al que me había comprometido en alguna de las reuniones de un Círculo Podemos que habíamos creado en nuestra localidad, empecé a buscar mentalmente un itinerario para mis próximas andanzas; decidí que todavía era pronto para usar la tienda de campaña y busqué una ruta con posibilidades de alojamiento. La encontré en la Ruta de la Lana. Así que en ello estoy, organizando tracks y mapas y preparando mi impedimenta para otra aventura. Mi blog se pone también en camino una vez más.

Preparando la mochila: ¿Qué es un podemita?

Mi blog de los caminos se viste de morado; las circunstancias lo reclaman. Hay quien dice que la política no le interesa en absoluto; sin embargo, parodiando a Bertolt Brecht, podríamos decir que tal suposición, que a uno no le interese la política, es una estupidez. A saber, política es el precio del pan que compramos, el sueldo que ganas, la posibilidad de conseguir un trabajo digno, la calidad de la educación que reciben nuestros hijos, la degradación o no de los paisajes que nos gusta caminar, el que a la universidad podamos ir todos y no sólo los que tienen pasta; apenas hay aspectos en la vida que escapen al ámbito de la política. Y el caso es que aun siendo así somos tan imbéciles como para dejar en manos de sinvergüenzas y ladrones las riendas de todas estas decisiones, gente que vota al Ibex35, a los corruptos, a los que quieren convertir a España en un convento de monjas de clausura, a los que quieren ponernos una mordaza en la boca. Mi blog se viste de morado y esperanza; morado, un decir, todo lo que no sea lo que hemos tenido durante las últimas décadas, PPSOE, una comunidad de amigotes que se reparten alternativamente el poder pero que igualmente precarizan el trabajo, alimentan el austericidio y consiguen que los ricos sean cada vez más ricos y los que menos tienen tengan cada vez menos.

Si María Moliner, la mujer que luchó por dar al diccionario la perdida dignidad que le usurpó la RAE -siempre las ideologías conservadoras barriendo para adentro- si María Moliner viviera probablemente habríamos tenido un buen referente para definir palabras nuevas como "podemita". La realidad cambiante de una sociedad enriquece día a día con nuevos términos y usos nuestra lengua. La más reciente, ésa que encabeza estas líneas, podemita. Preparando como estoy la mochila y sin otro material de momento que mis ganas de correr mundo, sólo me queda referirme, para ir haciendo boca y entrar en calor, a esas dos premisas sobre las que mis pasos se irán abriendo camino hacia el norte en un par de días. Una, esa palabreja, podemita, y otra señalar someramente las características de la ruta que voy a recorrer.

Empecemos por la primera. Mi decisión en esta ocasión de sustituir la saya del peregrino por la camiseta morada de Podemos, tiene que ver con la situación del momento. Los peregrinos de la antigüedad llevaban colgado del cuello grandes cruces de madera; los peregrinos de la actualidad han sustituido la cruz por la consabida concha que jalona todos los mojones que llevan a Santiago de Compostela. Todos ellos hacen de estos símbolos, el crucifijo o la concha, un símbolo de su aspiración a ganar las bondades de un paraíso post mortem. Los símbolos tienen la capacidad de sintetizar en una sola imagen o en unos colores un largo argumentario. A los peregrinos de hoy quizás les quepa un objetivo más humilde, pero mucho más práctico, tal sería intentar mejorar la vida en este mundo de todos los habitantes del planeta en lugar de aspirar a ganarse hipotéticos e inexistentes paraísos celestiales. Esa es la fuerza en este instante del morado y de la palabra "Podemos". Decir que ser podemita apenas tiene que ver con la pertenencia a un partido que un puñado de personan lideran en la actualidad como formación política. Ser podemita es vivir la esperanza y la ilusión de que nuestro país dé un giro de ciento ochenta grados, es la posibilidad de arrancar del poder a los sinvergüenzas que nos gobiernan, es hacer partícipe de la política a todo el pueblo, es acabar con los gurúes con carta blanca para hacer lo que les dé la gana durante cuatro años; ser podemita es poner en su sitio a los señoritos de Los santos inocentes, ejercer la justicia, gobernar con total transparencia, es dejar de hacer de la política un negocio personal. Los peregrinos buscaban la paz con Dios, los podemitas buscamos la paz y la justicia de los hombres y mujeres. ¿Que huele a religión? Acaso, pero no la religión del Vaticano ni nada que se le parezca, se trata de una comunión de ideales, de ilusiones, de compartir la lucha contra el fuego mediático de los dueños de la mass media.

Para que haya peregrino debe haber peregrinaje y éste no se entiende sin un camino por recorrer; en mi caso la ruta que transita entre Alicante y Burgos, lugar donde la Ruta de la Lana entronca con el llamado Camino de Santiago Francés. La Ruta de la Lana, como su nombre indica, se corresponde en su mayor parte con los primitivos caminos de la trashumancia. Podría definirse como el camino seguido por los esquiladores desde La Mancha hasta Burgos, gran capital comercial de la lana, en los siglos XVI y XVII. Se trata de uno de los más antiguos trazados comerciales peninsulares. "La importancia alcanzada antiguamente por el comercio de la lana obligó a definir con gran precisión los límites y trazados de las distintas rutas, articulándose un conjunto de Cañadas Reales, de gran amplitud y recorrido. Estas vías pecuarias se clasificaron en atención a sus características particulares y todas contaban con servicios como abrevaderos, majadas y descansaderos necesarios en los larguísimos desplazamientos del ganado desde los agostaderos del norte peninsular hasta los invernaderos situados al sur del país".

En fin, una ruta para atravesar esta hermosa España que habitamos, pero que a la vez es la España del moco (ver mi post El moco de su señoría) y de los parlamentarios que sestean o juegan con la playstation en el congreso, una realidad por invertir en la que deberíamos participar al completo peregrinos, ciudadanos, vecinos, parados, trabajadores, mujeres, hombres. Es nuestra España, nuestra tierra... y nos la están robando. No cabe otra que intentar convencer a nuestros vecinos, amigos y compañeros de que la única alternativa de futuro pasa por no votar al PPSOE y hacerlo en favor de las fuerzas de la izquierda.

Ya decía el ilustre: "venimos a la vida para un ratito", pero aún así, qué satisfacción poder contribuir durante ese ratito con nuestro grano de arena a cambiar una realidad que no nos gusta.

¿Este placer de alejarse?

Madrid - Alicante, 12 de marzo

Yo, para todo viaje
–siempre sobre la madera
de mi vagón de tercera–,
voy ligero de equipaje.

¿El placer de alejarse? Mas bien no, eso debía de ser en tiempos de Machado en donde alejarse era cosa rara que se interponía en la vida diaria con el exotismo de lo novedoso. Ahora no, ahora andamos de acá para allá tan a menudo, que el alejarse se ha convertido en parte esencial de la vida cotidiana hasta el punto de tener parecido peso en la vida quedarse. Todo lo que se repite con cierta asiduidad termina por caer en la gris rutina que amenaza con convertir la vida en un reiterado más de lo mismo. Círculo para salir del cual los humanos hacen verdaderos ejercicios de funambulismo. Todo el mundo quiere una vida divertida e interesante y a ello nos aplicamos, pero nadie escapa con el tiempo a la erosión que las repeticiones crean en nuestro ánimo. Yo quisiera ver las montañas que visito con el mismo pálpito de emoción que cuando las visitaba la primera vez, asistir con la misma expectación a la salida de la luna llena en los jardines del Taj Majal... deseos imposibles porque las cosas siendo lo que son bien poca cosa si no añadimos el estado de ánimo del que mira, la disposición de quien se arroba frente a un crepúsculo marino, la novedad de una espléndida tormenta entre

85

altas cumbres. No es que uno pase de todo, pero, ay, ¿dónde quedó la ilusión frente a la venida de los Reyes Magos, el descubrimiento de un primer amor?

El placer de alejarse, algo queda, es cierto, pero cada vez cuesta más esfuerzo encontrar la sombra de lo que fue. Así como a Picasso le llevó toda la vida volver a la ingenuidad plástica con que pintaba de niño, a nosotros parece como si nos fuera a llevar este último cuarto de vida desprendernos de nuestras experiencias para llegar de nuevo a ser los niños que una vez fuimos. Mi tren atraviesa La Mancha. Imposible imaginarse al enjuto don Quijote con la bacía de barbero a modo de casco sobre la cabeza cabalgando a galope para arremeter contra los gigantes de grandes aspas al viento. Volver al pasado, desprender el rastro que dejaron las emociones para reinventar la vida es cada vez más difícil. Es necesario cerrar lo ojos y armarse de un valor extraordinario para volver a retomar el pulso poético que corre como aguas subterráneas en el interior de nosotros, esperando, eso sí, que esas mismas aguas rieguen accidentalmente al niño que todos llevamos dentro, al poeta escondido bajo los siete mantos de la edad y la experiencia, para que de nuevo podamos contemplar cierto paisaje, cierto amanecer con los ojos de quien se ha echado a la vida hace un rato. Desaprender para volver a contemplar las cosas de la vida como un nuevo recién nacido. El poeta del faro es el nombre del blog de un antiguo compañero de estudios; el otro día nos reencontramos en el ágora de Internet y me gustó saber de sus derroteros poéticos; se lo dije, no abandones los versos, no hay mejor camino para recuperar la inocencia y la claridad de la mirada.

Eso mismo me digo a mí de continuo; cualquier herramienta es buena para retener y recuperar la inocencia, el sabor de la magdalena, la emoción perdida en la reiteración de los hechos.

En eso estoy esta tarde del mes de marzo camino del mar de Alicante. Una credencial de peregrino en el bolsillo, ocho kilos de impedimenta y la decisión asumida de recuperar un poco de mi inocencia perdida.

El paisaje transcurre monótono y plano bajo la luz cenital de la hora de la siesta, en el vagón reina un discreto silencio, monotonía, campos de labranzas, olivares, ninguna amapola; todavía la primavera adormece en el ocre de la tierra y los caminos rurales. Estamos en Alcázar de San Juan: cambio de tren.

¿El placer de alejarse, un punto incierto entre el pasado y el futuro? Eso parece.

El viaje ya parece olerme a campo, a espliego, a romero, a mar, a limoneros. Empiezo a presentir la severa adultez de lo olivares, el perfume de los narcisos; el camino y la noche a la intemperie tiran de mí. Una de las razones de haber elegido esta ruta ha sido el poder asegurarme alojamiento aliviándome así del peso de la tienda. Sin embargo huele ya a primavera cercana y a mi alma de vagabundo le tiran las noches bajo las estrellas; dormir entre mis hermanos los zorros y los conejos, bajo las ramas de los olivos, al amparo de alguna encina, empieza a hacerme toda la gracia del mundo. Ah, este peregrino atípico, lo mismo me veo obligado a dar el plantón a Paco Serrá, el dueño del albergue de Novelda, que me espera mañana a la tarde en su casa de peregrinos. Veremos, además, desde Alicante a Novelda son treinta y cuatro kilómetros, muchos kilómetros para un cuerpo recién salido de la hibernación.

Un ruiseñor en la madrugada

Alicante - Novelda, 13 de marzo de 2015

Las seis de la mañana. En las solitarias calles donde me he hospedado reina un silencio rural que rompe el canto de un solitario ruiseñor. Ah, los ruiseñores que tanto me acompañaron en la hora en que la noche cede gentilmente el paso al alba allá en el norte, cuando el mar y el amanecer acompañaban al peregrino que dejaba la ciudad y algún vetusto albergue a sus espaldas. La hora mágica del alba convoca los recuerdos alrededor del enamorado ruiseñor. El ruido del tráfico no tarda, sin embargo, en hacerse dueño de la mañana. Me sorprende ver a un individuo cargado con una pequeña mochila escrutando en la oscuridad de un escaparate unos anuncios de pisos. Más adelante caigo, no se trata de un negocio de pisos sino de una oficina de empleo; todo se aclara. La búsqueda de empleo, un trabajo prioritario con que comenzar el día. Los cuernos de una luna en decreciente asoman sobre los tejados.

Mientras desayuno en un bar el cielo aclara. Voy dejando atrás la ciudad, una calle jalonada de cipreses termina por llevarme a las puertas de un cementerio. Mis pensamientos ambulantes se mezclan con lo picudos cipreses que asoman por las tapias del cementerio y terminan por recalar, vaya usted a saber por qué, en una fotografía que había visto días atrás en alguna parte. En ella aparecía Aznar y su hijo, ambos con cierto aspecto cadavérico, como atezados por el maquillaje de los empleado del tanatorio; sí, esa debía de ser la conexión. La cosa que yo había visto en algún lado hablaba del hijo, dueño parece de uno de esos fondos buitres que compran a la baja lo que sea, viviendas sociales, empresas con dificultades, para vender después el paquete amparados en influencias políticas por un precio que triplica la inversión primera. Cementerios, buitres... Así es la vida de determinados gente, gilipollas que dedican la vida, con lo corta que ésta es, a hacer dinero, gilipollas que engendran hijos y los educan en las mismas gilipolleces en que los padres vivieron durante su vida. La gilipollez se reproduce a sí misma sin solución de continuidad, el señor Aznar y su hijo son la expresión de una enfermedad corriente entre determinada gente, imbéciles a los que toda la fuerza se les va tras las huellas del becerro de oro. Las fotos son un reclamo para la reflexión. La coherencia aglutina a la gente alrededor de unas ideas; esta mañana recuerdo otra fotografía de Aznar rodeado de sus lameculos de costumbre en la que aparecía Vargas Llosa. un hombre muy de derechas pero al que honra su carrera literaria. Paseando la vista por las tumbas no deja de incomodarme esta incongruencia, me cuesta pensar que un hombre que ha escrito libros que admiro se codee con imbéciles de tres al cuarto como el tal Aznar. Dejo atrás montones de tumbas ornamentadas con desteñidas flores de plástico; la banalidad de los ostentosos mausoleos dejan constancia de otro aspecto de la misma historia de la que hablaba más arriba.

Las palabras y los hechos de los hombres son como la huellas que dejan nuestros pies junto a las olas, duran el tiempo de un suspiro.

El paisaje que uno abandona cuando se aleja de una gran ciudad no suele ser ni siquiera aproximadamente bello. las necesidades de la urbe destrozan las montañas con sus canteras, llenan de escombros los campos, los caminos, las carreteras, los trenes arrasan el paisaje. Es un amanecer deslucido en que me animo a caminar deprisa para alejarme cuanto antes de los focos de influencia que arrasan el entorno. Tras dejar a mi espalda la silueta de las montañas de Fontcalent me tomo mi primer respiro a la sombra de una encina. Me quedo en ropa de verano, unas mallas y una camiseta. El kebab que me prepararon anoche en Alicante calma mi apetito. Mi falta de entrenamiento se hace notar.

Aprovecho para hace unas tomas a contraluz de unas umbelíferas; a su izquierda se eleva la prominencia más alta de la zona, la montaña de San Pascual de 555 metros de altitud. De allí en adelante el camino se adentra en un vistoso barranco con profundas cárcavas que termina dejándome en un alto junto a la ermita de San Pascual. A la vera del sendero, sobre las rocas, los devotos han reproducido en mosaicos versos melifluos e infantiles donde se habla de las bondades del santo y lo que hay que hacer para después de la muerte poder vivir por los siglos de los siglos en el limbo celestial. Me admira esta feligresía santil con su fe de cartón piedra adornando la ribera del camino, fe cómo si la Edad Media estuviera a la vuelta de la esquina, creyentes a los que el nuevo papa tiene que aleccionar todavía diciéndoles que lo del Génesis era un cuento y que eso de infierno tiene el aspecto de lo mismo..

Desde lo alto de Racó de la Sena, a cuyos pies se eleva la ermita de San Pascual, el camino se precipita hacia el llano, un paisaje de ceniza clara salpicado de almendros y olivos con una montaña a cuyos pies imagino los pueblos de Monforte del Cid y Novelda, mi fin de etapa. Antes, en Orito, haría una breve parada para tomarme un vaso de agua y una tónica.

El encargado del albergue, Paco Serra, un hombre algo grueso con una campechanía desbordante, pasa a recogerme en coche al restaurante donde transcurre mi hora de la siesta. Un gustazo encontrarse en el camino tanto cordialidad.

Frente a las ventanas del albergue crecen dos espigadas mimosas, el ruido del tráfico llega suave hasta la habitación donde escribo. Estoy cansado. Mi cuerpo tendrá que acostumbrarse de nuevo poco a poco al ritmo de mi ánimo. De momento, para ser el primer día no se portó nada mal.

¡Yo sí que no quería perderte!

Novelda - Sax, 14 de marzo

A mi amigo Luis Basanta, de joven compañero de correrías montanas y ahora poeta de ocasión, no le gustan los cementerios, me lo dice en mi últimos post. A mí por el contrario sí me gustan, más los sencillitos que me reclaman con su arboladura de cipreses desde la lejanía cual veleros en alta mar, más y mejor que esos armatostes de arrogante porte que parecen mirarnos por encima del hombro desde su marmóreo orgullo de tumba habitada por adinerados del país. Siempre me atrajeron estos lugares, viví parte mi infancia cerca del cementerio de San Isidro, en Madrid, y el bosque oscuro de sus cipreses y sus hiladas de tumbas, como quien espera a Godot tras la muerte en su silencio, fueron para mí idóneo lugar para meditar y pensar qué coño es esto de la vida; gran deporte que puede llevar a uno a pasar por el tamiz de la muerte una gran cantidad de asuntos antes de caer en la tontería de considerarnos algo más de lo que somos, unos pocos años de magnífica insignificancia y poco más; unos años y caput, el cuento se acabó. Alguien podrá decir que esto es cosa triste, pero yo creo que no, saber por unos pocos detalles de qué va la vida ayuda sobremanera a vivir en paz con uno y con el reloj del tiempo. ¿Cuantas películas seríamos capaces de recordar en las que el tic tac del reloj enfrenta a algún personaje con la sustancia más íntima de su ser? La más relevante que yo recuerdo es sin duda

El manantial de la doncella, de Bergman; hay muchas más. El reloj nos habla de nuestra finitud y de la ligereza de la vida, un buen referente para no llenarnos los pies de barro constantemente y atender las cosa de la existencia con la humildad pertinente.

Esta mañana, saliendo de Novelda, me encontré con una pintada sobre un muro que decía: "¡Yo sí que no quería perderte!" Las historias de amor soportan todo tipo de formatos posibles, allí donde hay un enamoramiento, un naufragio, un rumor de celos siempre hay un artífice que encuentra el modo de expresar las desgarraduras que se producen en alguna parte de su alma. Música, literatura, pintadas improvisadas en los muros de la ciudad, todo vale para dar salida al dolor que presiona por dentro de modo incontenible. La vida es breve pero da para mucho si uno se deja engatusar por sus múltiples atractivos, aunque estos tengan a veces el sabor amargo de un desencuentro. Pasar por ellos y poner en riesgo incluso la propia vida parece que constituyera la sal de la existencia. Quien no arriesga nada, nada gana; se podrá estar cómodo toda la vida al sol de la plaza de su pueblo, seguro y calentito viendo pasar las estaciones desde el vuelo de los vencejos, el tórrido verano, las hojas del otoño cayendo a sus pies, nada alterará su prolongada calma. Parece como si todo estuviera dispuesto de manera tal que el hecho de vivir nos estuviera continuamente retando a dar pasos inciertos a cada momento. Yo no quería perderte, pero... En ocasiones las cosas se presentan de modo como si todo fuera un ejercicio de funambulismo. Hay quien hace funambulismo sorteando un arroyo de piedra en piedra y hay otros, más atrevidos, que se atreven a pasar haciendo equilibrios sobre un cable de acero tendido de parte a parte de las cataratas del Niágara. Que cada uno busque el medio de su propia virtud.

Podría inventarme un paisaje para esta crónica de hoy, decir maravillas, adornar el momento, para eso están los relatos de viajes, para ponernos los dientes largo e invitarnos a salir de casa para ponernos en camino. Pues no, la verdad monda y lironda es que el recorrido de hoy, mal que les pese a aquellos que tanto contribuyen a señalar y poner orden en el camino, la etapa de hoy ha sido un verdadero coñazo. El día tampoco se prestaba a mucho, día gris, oscuro, sin chicha ni limoná, parajes muy sucios, una larga rambla nada atractiva. Se salva el paso por Elda y un larguísimo camino embarrado que llevaba a Sax.

Estuvo chirimeando gran parte de la mañana, pero a la salida de Elda la cosa se puso seria y de sopetón el cielo se despachó con un aguacero que convirtió la carretera y las calles en auténticos ríos. Mi sólido equipo de lluvia resistió sin rechistar, pero ay los caminos, los senderos previamente polvorientos y resecos como una momia faraónica se convirtieron en pocos minutos en lodazales intransitables. El terreno, de una arcilla color yema de huevo, que resultaba un tanto vistoso, se convirtió en una masa pegajosa que se adhería a las suelas de mis botas formando unos voluminosos pegotes que hacían muy dificultoso caminar. Así hasta llegar a un punto en que el camino torcía a la derecha y bajaba a lo hondo de la rambla. Tras un cañaveral me esperaba una sorpresa, mi camino quedaba cortado por una masa de agua de medio metro de profundidad imposible de atravesar so pena me decidiera a quitarme el equipo de agua y ponerme en gayumbos, cosa a la que yo no estaba dispuesto. Tuve que dar marcha atrás y buscar hacía el oeste una salida que me llevase a la carretera. No fue muy complicado.

A esta hora ya había salido el sol y el paisaje se había hecho más amable. A un par de kilómetros se distinguía clara y rosada la roca del castillo de Sax alzado como un estandarte sobre el pueblo. Hoy mi albergue va a ser un hotel muy apañado, hotel Fuente el Cura, cuyo dueño pertenece a la cofradía del Camino de Santiago, lo que implica un precio muy conveniente y una habitación excelente. Tras la comida mi cansancio fue acogido por una larga y agradable siesta.

Mi encuentro con Pepe, el sosias de Jacinto del Navi

Sax-Caudete, 15 de marzo

Acabo hoy mi jornada en lo alto del pueblo de Caudete, un rústico y acogedor albergue que los amigos del Camino del lugar, casi doscientos, muchísimos para un lugar tan pequeño, han acondicionado por cuenta propia. Cada vez me admiran más estos hombres y mujeres que ponen todo su empeño en hacer agradable y cómodo el paso de los peregrinos por el municipio. Admirable tarea la que guía a esta gente en una sociedad en la que tanto se echa de menos la gratuidad de nuestro actos. Quienes hoy me recibieron en el alto del pueblo eran Joaquín y Joaquín, dos animosos jóvenes amantes de su tierra y su entorno. Gracias desde aquí a los dos por su calurosa acogida.

Sí, el cuerpo me pesa, a veces casi lo arrastro por los caminos. Sé que esto iba a suceder, sé que me quedan todavía cuatro o cinco días de sufrimiento hasta que mis huesos y mi músculos se pongan a tono con el ejercicio a que les someto, así que no me queda otra cosa que echarle paciencia y aguantar. Pereceé durante todo el invierno y parte del otoño y ahora lo pago. El camino no es camino de rosas, tiene sus exigencias y si no cumples con ellas como está mandado, entrenando o haciendo ejercicio con regularidad, o lo pagas con una dosis más o menos alta de sufrimiento o eso, te quedas en casa. En el camino no se regala nada.

De todos modos la cosa tiene sus altibajos. A las diez y media de la mañana caí roto a la vera del camino como si ya fuera incapaz de caminar más a hora tan temprana; me tomé mi desayuno al sol y algo me repuse, pero entrando en Villena ya estaba otra vez que me caía. Entré en una cafetería y a la salida todo mejoró notablemente. Los quince kilómetros que me quedaban hasta Caudete transcurrieron discretamente bien, puede leer/oír con cierto sosiego algunos capítulos de la novela que había comenzado el día anterior, Pubis angelical, de Manuel Puig, un recorrido por la vida de una mujer que vive el apremio de su propia belleza, un puzzle en el que todavía estoy intentando recomponer las piezas para hacerme una idea de la historia que se narra. Mientras tanto el campo se ha cubierto de tejido térmico, grandes superficies de material sintético como extensiones de nieve con pequeñas perforaciones por donde empiezan a descollar plántulas de lechugas. Las superficies blancas, a contraluz del sol de mediodía, dan al paisaje el aspecto de grandes lagos bañados por la luz cenital de un mes de agosto. Pero a esta hora ya ni los lagos de nieve ni el puzzle de mi novela eran capaces de distraer mi cansancio. Terminé por abandonar mi lectura para quedarme a solas con mi cansancio y el esfuerzo que tenía que hacer para superarlo. Las casas de Caudete no quedaban ya lejos.

El último tramo lo pasé recordando la fría mañana con que había comenzado el día. Antes de salir de casa me había cortado el pelo al tres y el frío me dejaba helado el cráneo. Sí, me había venido al sur demasiado ligero de equipaje. La única manera de quitarse el frió de encima era meter las manos en los bolsillos y caminar lo más vivo posible. Me crucé con varios corredores embutidos en abrigo de invierno, guantes y gorro de lana. Qué envidia, pensé. Poco más adelante oí un buenos días a medio metro de mis orejas; era Pepe, un hombre que me recordó enseguida a Jacinto, el amigo del Navi, una de esas personas que nada más verlas puedes decir de ellas que tiene aspecto de buenas personas. Hay quien tiene aspecto de cínico, o de querer venderte la moto, o simplemente te parece simpático. Otros lo tienen de buena gente. Nada más mirarle la cara me dije, date, este hombre es una de las reencarnaciones de Jacinto, su sosias del sur; tenía la misma cara de buena persona que el amigo del Navi; gesto receptivo, mirada apacible, los ojillo vivos saliendo bajo las pestañas como quien escruta la belleza del mundo desde el trasfondo de una interioridad apacible.

Jacinto, perdón, su socias Pepe, caminaba a una leche de mil demonios; pegamos las hebra pero él me llevaba arrastras con el dogal de la conversación. El quería hablar y contar su cuento; yo intentaba meter el cazo, pero era imposible hacerlo, no te dejaba. Se trataba de un buen narrador. Como estamos en uno de los caminos de santiago era obligado hablar del asunto y así me contó de su expedición al Camino de la Plata de quince personas más un cocinero profesional que hacía también de conductor del camión que llevaba la impedimenta de los peregrinos. Lo habían hecho en el mes se febrero e iban equipados con dos enormes carpas, un generador, cocina y calefacción para hacer agradable el camino incluso si caía una nevada de medio metro. Tras esa experiencia, y después de comprobar que en los días de lluvia el agua penetraba por debajo de la carpa empapando lo sacos, en la siguiente ocasión mejoraron la habitabilidad alquilando una caseta de las que se utilizan en las obras y la instalaron sobre el camión. Allí tenían su refugio al terminar su jornada de caminantes, además de la comida preparada por un cocinero que hacía de su trabajo una vocación.

Convencido como estaba de que a Pepe le iba a interesar poco lo que yo le pudiera contar, y viendo que su plática era interesante no traté de interrumpirle. Cuatro o cinco historias diferentes tuvieron tiempo de entrecruzarse antes de que llegáramos a la bifurcación que nos separaría.

Cuando se marchó me congratulé por la charla, pero me quedé pensando en esa necesidad que casi todo el mundo tiene de ser escuchado, de ser leído, de ser tomado en consideración, algo así como si una parte importante del yo dependiera en algún medida de los otros, de su asentimiento.

Un narcisista en el camino

Caudete-Almansa, 16 de marzo de 2015

El termómetro marcaba cero grados a la salida del albergue. Después de desayunar frente a la plaza de toros en el único bar abierto, el sol había empezado a regar el campo por aquí y por allá y en pocos minutos la mañana se hizo deliciosamente fresca, caminar se convirtió en una actividad sumamente agradable.

Recordaba un montoncito de folletos adhesivos que había encontrado días atrás en el albergue de Novela. En ellos aparecía la imagen de un caminante bajo una arcada de piedra frente a la fachada del Obradoiro en Santiago. El folleto invitaba a comprar un libro titulado El gran caminante. No era ni la segunda, ni siquiera la tercera vez que me encontraba con un folleto de aquellos. Hace un par de años el autor del libro, que se autonombra con un rimbombante "el gran caminante", ahí es na, había dejado sus pegatinas pegadas a conciencia por todo los compartimentos de alguno de los albergues que visité en el Camino Catalán. Me fue imposible despegar aquellas pegatinas que yacían sobre el frigorífico, el alicatado del baño, las puertas; la demencia narcisista del caminante había sucumbido frente al sentido común y al sentido del decoro ensuciando las paredes de varios albergues sin ningún miramiento. Gente chalá la hay también en los caminos. Lo curioso del caso es que uno puede hacer absolutamente el ridículo sin darse cuenta. Si yo me encontrara por ahí algo similar referido a mi persona me largaba de este planeta a otro donde no me reconociera nadie. Pensar que has ido dejando por ahí el rastro de tu propia estupidez, haciéndote llamar el gran nosequé, me abochornaría de por vida y me impediría salir a la calle sin estar disfrazado y en horas que no fueran de madrugada para no ser reconocido.

Cierto que en todo quisque se esconde una dosis variable de narcisismo, pero de ahí a constituirse en el gran algo, joder; qué pelma, ¿no?

La imaginación, cimentada sobre los sueños, la literatura o el cine puede llevarnos a un fiasco un tanto cómico. No sé yo de dónde había sacado que hoy iba a pernoctar en un convento de monjas, porque lo cierto es que el pensarlo me había suministrado durante buena parte del camino un material suficiente como para escribir una novela. Mi única experiencia con un convento data de hace muchos años. Unos amigos nos habían dado la dirección de un pueblo de Burgos en donde unas monjas vendían una ampliadora y algún material fotográfico procedente de una herencia. Camino del lugar cayó una nevada de padre y señor mío que convirtió la meseta castellana en un hermoso paraje donde filmar las bellas estepas rusas nevadas del Doctor Zhivago. Cuando dejamos la carretera nacional todo era un manto blanco en donde nuestro R4 abría huella como un barco sobre la calma chicha del mar. El paisaje estaba rabiosamente hermoso y el convento yacía en una hondonada rodeado de altos chopos cargados de nieve. El sonido de la campanilla fue como un estremecimiento en el solitario y silencioso páramo. Monjas de clausura.

Todo un ritual. Alguien nos abrió el portón de madera y nos introdujo en una pequeña sala de muros de piedra. Quince minutos duró la espera. Llegó otra monja y ésta nos condujo por un largo pasillo hasta otra dependencia. La superiora les espera, nos dijo. Ésta, una mujer pequeña de edad indefinida no se anduvo con prolegómenos, más que una monja parecía un mujer de negocios dispuesta a que no le regatearan ni un peseta. Impresionaba aquel ambiente mezcla de religiosa clausura y decisión de mercader. Bocaccio imaginó unas monjas bien diferentes. En ningún momento en aquella ocasión, acaso porque era muy joven o porque el frío no daba tregua, me dio por pensar que aquel monasterio pudiera encerrar resquicio alguno para un sueño erótico, algo totalmente inconcebible para un tiempo posterior en que las monjas y sus clausuras, con toda lógica, sobre todo si el convento está habitado por monjas jóvenes, pudieron suministrar a la imaginación innumerables divertimentos de mozas en donde, como sucede en la película de Fellini, un mudito jardinero puede hacer el gozo de toda la comunidad, incluida la madre superiora.

Debo de ser un peregrino atípico cuando con el cuerpo tan cansado por la caminata lo único que se le ocurre a mi imaginación es pensar en monjas fellinianas en lugar de atender a mis rezos. Un cilicio habría necesitado por tal incompostura. Pero ay, para más inri las monjas jovencitas han debido de desaparecer ya de este planeta. Además. el convento no es convento, es solo casa de monjas, monjas jubiladas, monjas ancianas, lugar de retiro en mitad de la ciudad de Almansa. De todos modos viva la imaginación que mantiene la alegría del cuerpo siempre alerta como cazador escondido entre la maleza de la madrugada a la espera de que la presa aliente con su presencia su instinto ancestral.

Y por si fuera poco la coincidencia de dar continuidad esta tarde a esa novela que leo estos día y que lleva el título de Pubis angelical. O se trata de una incongruencia, la de leer un libro con semejante titulo en un convento de monjas, o bien consideramos adoptar la otra acepción polisémica de la palabra angélico y, tomándola al pie de la letra, pensamos en angelitos o cosas así, en cuyo caso el pubis de ser algo de calidad divina en el sentido de apetecible, delicioso, pasa a convertirse en asunto de ángeles. Sí, ya sé que la idea entra con calzador, pero la cena me apremia y quiero dejar mi crónica terminada.

Una última idea, esta vez sobre la actualidad política. Mientras me tomaba el café repasé la prensa. Me llamaron la atención unas líneas en las que un analista político daba razón del porqué del nacimiento yihadista: "El surgimiento del grupo radical yihadista Estado Islámico tienes sus raíces en el odio sectario generado por la invasión de Irak". Parece mentira que no queramos comprender el odio universal que genera a su alrededor la política terrorista de los Estados Unidos; un país que es capaz de aniquilar más de un millón de medio de personas para dar cobertura a sus negocios y mantener con mano de hierro el control de los recursos energéticos en su beneficio siempre será un país de asesinos y un generador extraordinario de odio. Victoria y yo viajamos unos meses hace tiempo por los países subsaharianos. Era corriente encontrarse en pueblos misérrimos niños y jóvenes vistiendo camisetas con el retrato de Bin Laden. El imperialismo americano es la peste negra de nuestro tiempo. No es raro que frente a él los fanáticos de siempre hagan adeptos en todo el mundo.

En La Mancha hace un frío del carajo

Almansa-Alpera, 17 de marzo de 2015

A las seis de la mañana una niebla ligera campaba por las calles de Almansa dando un aspecto casi fantasmal a los dos o tres viandantes con los que me crucé. En esta ocasión, preocupado por aligerar mi equipaje al máximo, me quedé corto. Me veo obligado a usar mis calcetines de lana de repuesto de guantes. Llevo toda la ropa que tengo encima y aun así tengo frío. Con los años me voy haciendo cada vez más friolero. El gps trabaja bien en un laberinto de calles que debo atravesar antes de salir a la carretera. Me siento muy cerca de ocasiones similares hace un par de años cuando recorrí el Camino de la Plata en invierno, siempre las seis de la mañana lloviera o cayeran chuzos de punto, la hora virginal. Las seis de de la mañana era la hora ritual para dejar un albergue, un pueblo, para sumergirme en la oscuridad del campo. Hora virginal porque siempre hay en la hora que precede al alba un nosequé, como rastros del comienzo de mundo. No exagero. Cuando las luces del pueblo se extinguen a tus espaldas y comienzas a caminar en la oscuridad absoluta, en un silencio que sólo se rompe por el rumor de tus pasos siempre se tiene la impresión de que algo misterioso y mágico está sucediendo. Unos instantes en que no suelo usar la linterna en el ánimo de no espantar la delicada tersura de la noche sobre la que mis pies pasan con la esperanza de recoger de aquí y de allá algún manojillo de sensaciones. Luego, lentamente, ahora a mitad de marzo cada vez antes, las primeras luces se irán deshaciendo como azucarillos en la madrugada alumbrando poco a poco, palmo a palmo, cada uno de los rincones del mundo; primero el horizonte, después las oscuras lomas, más tarde, el camino, que apenas era una mancha de tinta frente a mí se hará de café con leche. Hoy la niebla no esperó a levantar con el sol, la deje atrás acaso atracada en una hondonada.

A la vera del camino pronto aparecieron los almendros en flor y las tierras ocres enrojecidas por un sol indeciso que asomaba sobre las copas de una hilera de pinos como a regañadientes de que le hubieran sacado de la cama a una hora tan temprana.

Carajo, qué friolero me estoy volviendo, pienso después de haber dado los buenos días a un aldeano que se cruzaba conmigo apenas abrigado totalmente ajeno al frío que yo sentía.

El paisaje está bonito esta mañana; delicados sienas, tierra roturada con un espeso ocre, laderas que circundan la sierra de Malagón, tierra de jabalíes y conejos alternando en los bajíos con la lechada calcárea de los cultivos. Mis lecturas matinales, la novela que se me escapa de continuo con sus saltos en el tiempo y en el espacio, la línea de un tren de alta velocidad sin protección ninguna que me hace pensar en una novela de Susan Songtan, En América, en donde la autora hace digresiones sobre el gran éxito y uso que tendría un supuesto pozo en donde los viandantes pudieran precipitarse y perder la vida instantáneamente, algo así como una boca de metro en plena Quinta Avenida de la ciudad de Nueva York. ¿En qué cosas piensa uno,

¿verdad? A la leche que pasaron dos trenes mientras circulé junto a la vía, en el tren ni se enterarían si alguien hubiera decidido hacer uso del servicio ferroviario para quitarse la vida. Un poco desagradable desde luego sí sería, mucho más que el pozo de Susan Songtan, y no para el muerto que no tendría tiempo de enterarse, claro.

Mientras tuerzo a la derecha para coger un paso elevado que me lleva a la otra orilla de la vía del tren, los personajes de mi novela se enzarzan en una discusión bizantina sobre la concordancia o no que hay entre el personaje que nos empeñamos en representar en la vida, el personaje que quisiéramos ser y el que realmente somos. Curiosa opereta que representamos toda la existencia sin llegar a saber nunca a ciencia cierta quién o qué realmente somos. Se hace un esfuerzo general por ahuyentar este tipo de cuestiones que de tanto en tanto vienen a revolotear sobre nuestras cabezas como un abejorro atrapado frente a un gran cristal. En mi casa no es raro encontrarse a alguno de esos abejorros inanes, muertos junto con cristal después de haber intentado durante días zafarse de la trampa del vidrio. Aquí nadie se muere dándole vueltas a un problema metafísico o intentando dilucidar quien sea uno, pero sí es cierto que es un asunto mucho más interesante que hacer crucigramas o sopa de letras. Bueno, al menos eso creo yo. Hay quien se conforma con saber que él no es otro que ese que se nombra en su documento de identidad o que ve reflejado en el espejo por la mañana mientras se afeita. Tal certeza no es que sea una prueba de verdad en absoluto, ya que el yo es algo bastante más complejo que el careto que vemos en el espejo, pero sí es cierto que hay mucha gente que no se pregunta en todos los años de su vida por tales cuestiones y no pasa nada por ello. Probablemente la culpa de la complejidad del mundo la tengan los filósofos, esos tíos locos que se pasan la vida mareando la perdiz con cosas tan abstrusas como el ser, la esencia, la cosa en sí, cuestiones todas con las que no se come ni sirven para aumentar nuestro salario.

Oiga, ¿usted quién es? ¡Hombre, yo soy Paco! Ya, pero aparte de eso... Una conversación imposible.

En Alpera el ayuntamiento ha acondicionado la antigua casa del médico como albergue y local de usos múltiples. Todo nuevecito pero frío cómo no puede ser de otra manera en una casa cuyo último peregrino que la habitó lo hizo el veintiuno de octubre del pasado año. Tras la siesta paso la tarde envuelto en una manta junto a un pequeño calefactor.

En La Mancha hace un frió del carajo.

Una pausa en el camino, vuelvo a casa

Alpera-Madrid, 18 de marzo de 2015

A veces resulta divertido especular con la idea de intentar averiguar de qué va a tratar la crónica de la jornada por la que vas transitando. Divertido porque en la mayoría de los casos no tengo ni idea, estoy tan en blanco que me resulta casi imposible pensar en la posibilidad de que esa misma tarde salgan de mis dedos un millar de palabras medianamente coherentes con las que cubrir mi acostumbrada crónica diaria. Algo parecido le podría suceder al pintor que viviera durante el día la tensión de averiguar qué pintará entre la hora del desayuno y aquella otra hora de la cena. Como si el que escribe o pinta fueran ajenos al hecho de pintar o escribir y esperaran de algún hado que les hiciera el trabajo que después ellos mismos reconocerán como suyo.

Es algo que me sucede a diario cuando camino por alguna parte del mundo, siempre a la espera de que en algún momento una idea, alguien con quien me cruzo, me lleve a reflexionar sobre una parcela de la realidad, ese hablar con el hombre que va contigo que canta Antonio Machado en sus largos paseos solitarios por las tierras de Urbión.

Hoy mi crónica de andarín tendrá que ser más breve. Anoche a última hora había consultado los pronósticos del tiempo en varias webs y todas apuntaban a una semana ininterrumpida de lluvias. No me lo pensé mucho, antes de irme a la cama ya había sacado mi billete de tren de regreso a Madrid. En esta ocasión no estaba dispuesto a caminar bajo la lluvia un día sí y otro también. Desde mi cama de peregrino pude oír llover durante toda la noche.

La experiencia de días atrás caminando por senderos arcillosos después de que cayera una chupa de agua en Elda me recordaba no sólo la inconveniencia de caminar largas horas bajo la lluvia sino también lo penoso que puede ser caminar por sendero embarrados. Caminar veintitantos kilómetro en el barro era una perspectiva poco simpática para mi ánimo.

Así que me levanté tarde, charlé un buen rato con Pepe, el funcionario del ayuntamiento, y con una mujer menuda, la asistente social del pueblo, que hablaba con entusiasmo de su experiencia de la Ruta de la Lana que había hecho en bici, y después me dedique a pasear el pueblo a la espera del autobús que me llevaría a Albacete.

Llueve, el campo tiene cierto aire de nostalgia, de querer ser algo más que paisaje indiferente a los ojos distraídos de los pasajeros. Al paisaje la compañía de los humanos debe de serle el equivalente de la necesidad que tiene el hombre de buscar el calor de la familia y los amigos para atravesar la vida. El paisaje está solitario, ausente, quizás pensando en esa soledad que lo envuelve cuando la lluvia y el viento hacen hostil su compañía. El paisaje, su alma, sus riñones, se agazapan envueltos sobre sí mismos como un chucho bajo la lluvia que no tuviera cobijo a mano.

Dentro de algunos días estaré en las calles de Madrid detrás de alguna pancarta gritando por recuperar una dignidad hecha harapos. Seguro que entonces recordaré este paisaje, esta tierra hermana de los caminos en la que me ha tocado vivir, compañera amiga sin la cual me sería difícil pensar la existencia. Este año es tiempo de conjugar el amor a la naturaleza con aquel otro de recuperar la dignidad como ciudadano. La Marcha de la Dignidad se ha convertido, después de tanto oprobio por parte de la mafia del actual gobierno, en un acto imprescindible de civismo para dar sentido a una democracia real, un elemento más junto a las elecciones próximas con que recuperar las instituciones.

Me había ausentado estos días de la actualidad, pero vuelvo hoy camino de casa a estar en línea. Desde mi pueblo han llegado buenas noticias, el pasado domingo nuestro círculo Podemos tuvo su presentación pública en la localidad y fue un rotundo éxito. Ahora, mientras el tiempo se estabiliza para volver a la Ruta de la Lana, cambiaré el paisaje de La Mancha por aquel otro de las elecciones andaluzas y las de la próxima primavera.

El tren rueda apacible por un paisaje de viñedos y encinas. El mundo, una vez más, se ha convertido en un espacio reducido en donde en pocas horas podemos ir de un extremo a otro. No sabría decir si se trata de algo bueno o malo, pero hoy me hace ilusión pasar del frío y la lluvia de La Mancha al calor confortable de la chimenea de mi cabaña. Seguro que dentro de uno días, cuando cesen la lluvias y se hayan asentado los caminos, me apetecerá volver a caminar por esta tierra que ahora abandono.

Esta misma tarde

El Chorrillo, 19 de marzo de 2015

Disfrutar del mal tiempo; podría estar fuera, por ahí, bajo la lluvia, con el viento metiéndose el agua en los ojos, sin embargo estoy aquí, confortablemente sentado en la cabaña mirando por la ventana cómo las copas de los olmos, en los que ha empezado a despuntar la pelusilla verde de la primavera, se mueven con cierta solemnidad. Gozo la tarde llena acaso de la esencia de días pasados. Caminar todo el día por los senderos del país tiene ciertos efectos saludables: una buena dosis de cansancio, cierta disposición a mirar alrededor inquisitivamente como si lo que te rodeara estuviera hecho de una sustancia sutil que a la vez de hablarte en un idioma entrañable no transferible a palabras, sonara como música submarina que acompañara como en una ópera el texto incomprensible que vibra a su aire entre las desnudas ramas de los árboles; algo de esa música que la naturaleza sopla en los sentidos tonificando los músculos y el alma.

Cansado, miro el campo, la furia repentina del viento, la calidad apagada e inhóspita del color de la tarde. Esto que millones de personas vieron a lo largo de sus vidas durante milenios, el juego de las estaciones, el tránsito del calor al frío, de la tristeza a la alegría, del ruido y la furia al susurro de una palabra cariñosa en el oído. De estas cosas está hecha la tarde, pura contemplación en la que rompen las olas o suena débil el corazón de un neonato cuya esperanza de vida es todavía una incógnita.

Hay momentos en que la existencia está hecha de un material tan escurridizo que apenas es posible saber decir de su consistencia; el cuerpo, inmóvil, apenas da señales de vida, sólo los ojos y los oídos muestran una ligera actividad, el hombre o la mujer fijan su mirada en el horizonte, en el vaivén de las copas de los árboles; nada parece agitar su ánimo y, sin embargo, el instante transcurre denso y pleno de promesas, como quien estuviera asistiendo al espectáculo de su propio ser y el de todos sus congéneres moviéndose caprichosamente por el tiempo.

El mundo necesita poetas que extraigan con sus versos la sustancia primera y que hablen del viento y las olas y del fluido sutil que componen los sentimientos, que nos paseen por las montañas y los bosques y nos hagan oír la música de los riachuelos y el latido del propio corazón. El mundo necesita poetas que nos enseñen los caminos de la nada, ese ruido de olas en que para la existencia un día, una noche, el tiempo todo.

Al fin la tarde se hace noche, los periódicos yacen esparcidos por el suelo, no hay libro ni música capaz de llenar esta hora de silencio.

Seis kilos y medio

El Chorrillo, 25 de marzo de 2015

Los años alimentan en uno cada vez más la idea de ir reduciendo el equipaje vital. En este caso es algo más modesto, se trata de la mochila que preparé esta misma tarde para vivir por ahí durante un mes: seis kilos y medio de impedimenta. Pero no es sólo la mochila, sesenta y siete años que estoy por cumplir no son demasiado quizás para ir pensando en estas cosas, pero es el caso que este tipo de cuestiones me visitan ya con cierta frecuencia. El hecho de ir acumulando años por fuerza ayuda a ir simplificando la aparente complejidad de la vida. Estando cada vez más cerca de la realidad primera, esa que nos enseña el haiku aquél "Esto es todo lo que hay/ el camino acaba entre el perejil", el organismo empieza a ir soltando lastre consciente de la escasa necesidad de gran parte del pesado equipaje que hasta ahora hemos arrastrado durante décadas. Lo notan mis neuronas, mi cuerpo entero, ese "ligero de equipaje" (ligero de equipaje, casi desnudo, como los hijos de la mar), es una de las cantinelas a las que de continuo me remiten mis largas tardes de contemplar cómo el crepúsculo se desvanece frente a mi ventana sobre la lejana sierra de Gredos.

Después de comer miré el tiempo de Alpera, el pueblo donde retomaré mi Ruta de la Lana mañana mismo, y me encontré con que había mínimas de bajo

115

cero. Ello me llevó a considerar meter alguna ropa de abrigo de más, pero en el momento de llenar el macuto, cambié de idea, me pudieron las ganas de aligerar mi impedimenta pese al frío de los días siguientes; y así opté por buscar en el desván el macuto más pequeño que tengo. Deseché el colchón de aire, reduje a la mitad algunas cosas más de mi equipo y eché a continuación una mirada a la lista: no era posible que después de terminar con ella todavía tuviera más de un tercio del macuto vacío. Pero sí, al final seis kilos y medios es todo lo que necesito para atravesar La Mancha, recorrer la provincia de Cuenca, llegar a Burgos y desde allí dar un salto hasta la orilla del Cantábrico, y eso si todavía no se me antoja hacer el Camino Primitivo hasta Santiago. Me produce una grata satisfacción tomar el macuto, subirme al peso y comprobar que la aguja se detiene en el seis y medio, mi record para esta época. Tengo otra marca mucho mayor, cuando hice el GR-7 entre Tarifa y Andorra, el tramo de la Comunidad Valenciana lo cubrí con un peso de cuatro kilos; en aquella ocasión era pleno verano y ni siquiera me molesté en meter el saco de dormir en el macuto. Cuando llegaba la noche me tumbaba sobre el bendito suelo y dormía, y un par de horas antes del amanecer encendía mi linterna, me vestía y emprendía mi jornada de andarín. Dando la vuelta a Ibiza llevaba un equipaje similar, medio kilo más, sólo que allí, una noche sobre unos espléndidos acantilados, me despertó la tormenta a la una de la madrugada y tuve que aguantarla casi como mi madre me trajo al mundo; fue la noche del loro, ni un pequeño cobijo, ni un árbol, nada. Se trata de uno de mis mejores recuerdos de vagabundo trotamundos.

Estos días andamos también en casa preparando nuestro próximo viaje alrededor del mundo que queremos comenzar antes de que termine la primavera. Pues me sucede lo mismo, sueño con poder caminar por el planeta con lo puesto y muy poco más. En uno de los últimos largos viajes que hicimos Victoria y yo hace tiempo, seis meses viajando por la Estepa Rusa, Asia, el Himalaya y Medio Oriente, la mitad de nuestra mochila eran libros y carretes de Kodakrome; era impensable pasarse medio año sin libros y sin hacer fotos. Hoy, sin embargo, quince años después, con las nuevas tecnologías los libros y el soporte de las fotografías caben sin problemas en un aparatito de cien o doscientos gramos. Atravesar océanos, desiertos o selvas con esa sensación de ligereza es uno de nuestros retos más significativos. Si se te rompen las zapatillas te compras otras, si hace frío buscas en un mercadillo un jersey que regalas cuando llegas a una zona cálida, y así tantas cosas. He visto por el mundo o por los caminos de santiago a tantos viajeros jóvenes, viajeras casi siempre, cargados con tan monstruosas mochilas que siempre me han dado un poco pena cuando les he visto tener que atravesar bajo el diluvio del monzón alguna frontera o alguna calle en busca de un alojamiento. Uno aprende mucho viendo desenvolverse a la gente corriente en otras partes del mundo: la pachorra con la que viven bajo los diluvios monzónicos en India es uno de esos espectáculos que te ayudan a comprender que no sucede absolutamente nada si tienes que vivir bajo una tromba de agua algunas horas; pero todavía más, que no sucede absolutamente nada tampoco si te mueres. Si te mueres te cubren de flores, te llevan junto al Ganges, te ponen sobre una pila de troncos y te queman; los niños mientras tanto jugarán con su pelota junto a tu cadáver y los mendigos pasearán sus platillos de aluminio para la limosna entre los viandantes. Al día siguiente tus cenizas flotarán en la corriente del río camino del mar, nada más que eso.

Se ha escrito mucho sobre las ventajas de llevar una vida sencilla pero como somos cabezotas sin remedio se nos olvida y preferimos correr dando vueltas a la noria tras cualquier juguete que nos pongan delante. En fin ca uno es ca uno. Hay quien encuentra la paz y el reposo de su vida subido a un columpio y oyendo cómo los gorriones arman una escandalera de mil demonios a su alrededor, mientras que otros no saben vivir si no es con una muy voluminosa cuenta corriente. Una de las cosas lindas de la vida es la posibilidad de que cada uno pueda elegir lo que más le venga en ganas a su ánimo. Lo que la vida pueda regalar o no a cada uno eso ya es otra cosa, eso ya no es algo que se obtenga de manera totalmente gratuita. No hay manera de disfrutar de una buena experiencia si uno no se moja el culo.

Hoy eché de menos al caballero andante

Alpera - Alatoz, 27 de marzo de 2015

A las cuatro y media de la mañana ya estaba con los ojos de plato. Nada que ver con el camino o similar, simplemente había dejado un problema de fontanería sin resolver en casa y eso motivó, primero un sueño accidentado y después una larga conversación conmigo mismo en la que trataba de resolver el problema dejado a medias, unas conexiones de una pulgada que seguro reventarían e inundarán la parcela. Ya no pude dormirme. A las cinco y media ya estaba en disposición de salir a caminar. Me puse toda la ropa que tenía; el día anterior Pepe, el empleado del ayuntamiento que amablemente había venido a recogerme en su coche con su hijo Jorge, un espabilado criajo de cuatro años que ya se creía mayorcísimo, me había dicho que los charcos habían amanecido con un centímetro de hielo sobre su superficie. Así que con pasamontañas, guantes y todo lo demás me eché a la calle. No era tan feroz el lobo como lo pintan. Atravesé las calles silenciosas y me dirigí hacia el norte. Dos ruiseñores se interpelaban en las ramas de los árboles.

Esta mañana echaba de menos al caballero andante. Para los que no habéis seguido este blog durante mi vuelta a España dos años atrás, recuerdo que cierto día de riguroso invierno me topé en el camino, las tierras salmantinas habían quedado cubiertas por una rigurosa nevada, con Ramón, un hombre con aspecto de cowboy de rostro enjuto y como salido de una de las películas de Clint Eastwood, con Ramón y su fiel caballo Vermell y Dop, su pastor alemán. Fue un encuentro agraciado. Con ellos recorrí la mitad de España a pie. En aquella época yo madrugaba exageradamente y empezaba mi camino mucho antes de que amaneciera mientras que Ramón lo hacía algo más tarde. Recuerdo ese invierno con agradecido cariño. Mi larga caminata matinal por las frías tierras de Zamora, las lluvias del camino Norte, casi siempre el mismo guión. Ramón o terminaba alcanzándome en algún recoveco del camino, o quedábamos en algún lugar para comer. La tarde ya la solíamos caminar juntos. Hoy eran unas condiciones muy parecidas a la de algunos días de aquellas caminatas de dos hombres, un caballo y un perro atravesando la hermosa y fría tierra de España. El telón de fondo de los molinos de viento, el fortísimo vendaval todo el camino que hacía imposible que oyera mi novela, y las lomas una tras otra atravesando los campos dormidos y solitarios. Sí, eché de menos su calurosa compañía. Uno es un hombre solitario pero aprecia la amistad y la compañía como una joya cuando éstas rozan la epidermis de su aislamiento.

La amabilidad del camino es tan desbordante en ocasiones que llega a suceder, como hoy, que al caminante-peregrino se le ponga cara de idiota y no sepa qué decir en un par de minutos. Había llegado a Alatoz pasado el mediodía y, mientras me tomaba un par de tónicas y miraba distraído por la ventana del bar, oí al barman que decía a mis espaldas: mira, ahí lo tienes, y me señalaba a un hombre fornido con una chaqueta de lana que circulaba en el mercadillo junto al puesto de frutas. Era Pedro Antonio, el encargado y dueño del albergue de peregrinos de Alatoz. Dejé la tónica y salí a encontrarme con él. Por cordialidad que no falte. Cuando uno llega a estos pueblos, como abandonados en medio de, así lo siente el caminante, la ventosa soledad del campo, de la rigurosa formación de los pequeños ejércitos de almendros en flor que adornan el paisaje bajo la tutela, casi siempre muy cercana, de los parsimoniosos molinos de viento y, ya apenas entrado en el pueblo, se encuentra como recibido por un lejano primo que te hace los parabienes de rigor con los brazos abiertos y se constituye por arte de birlibirloque en la persona que puede atender cualquier necesidad que te pueda surgir ahora o en los días próximos; cuando pasan estas cosas uno se siente tan en su casa, tan reconfortado que le nace la tentación de abandonarla y dedicarse a vivir por los caminos del apóstol de la concha. Bueno, bueno, no exageremos, no vaya a ser que mi hortelana y madre de mis hijos se mosquee y le de un arranque de celos relacionado con los hospitaleros y hospitaleras que velan por el bienestar de los peregrinos.

Después de una charleta con Pedro Antonio frente a unas cervezas donde hicimos honor al camino y a los peregrinos que lo recorren, nos despedimos, comí y poco más tarde, tras el tiramisú y el café salí a la luz cegadora que vestía las fachadas encaladas de Alatoz. Debía llamar a Felisa, la hospitalera que me llevaría hasta el albergue, pero no podía hacerlo porque Orange no tenía cobertura en el pueblo, no importaba allí mismo estaba ella como caída del cielo esperándome, como si algún angelito se lo hubiera susurrado al oído. Cosa de magia. Subimos hacia la parte alta del pueblo, dejamos atrás la iglesia, entramos en el albergue. Todo muy excesivo para un rústico caminante como un servidor. Felisa es la cordialidad en persona. Gracias desde aquí a los dos, Pedro Antonio, por vuestra hospitalidad.

Me adormecí después de la comida más que por efecto de la digestión por el sonsonete y cosquilleo del sillón de masaje que Pedro Antonio había instalado en el flamante salón de su albergue. Sí, me quedé sopa, nunca había probado un invento parecido, que yo desde mi idiota rusticidad había considerado una vez que lo vi en Ikea, como un moblaje un tanto pijo, pero, maravilla de las maravillas, cuando aquello empezó a masajearme los riñones, la espalda, las piernas, el gustirrinín y la sensación de bienestar fue tal de quedar profundamente dormido durante dos horas. Ayer mismo yo hacía defensa de mi ligero equipaje, seis kilos con los que andar por el mundo me parecía el no va más de mi atrevimiento. Hoy, después de sestear en el sillón masajeante de Pedro Antonio casi caigo en tentación de comprarme un sillón de esos y añadirlo a mi equipaje; lo podría colocar encima de mi mochila y llegar hasta Santiago con él. Sería un tantico pesado pero... joder, qué gusto terminar la jornada de peregrinaje y despacharme una siesta en el sillón mientras me masajea mi dolida espalda. Y como soy dado a los inventos caseros y me gusta dormir en el campo también podría aprovechar para echarme una de esas consabidas siestas que tanto me gustan bajo la sombra de un pino o un olivo; sólo tendría que cargar además con una alfombrilla solar que suministrarse energía a mi sillón de campaña. Si, un poco pesado sí podría a ser, pero

¿podéis imaginar lo que sería la siesta del peregrino en pleno campo con este invento? Y eso sin contar el cante que iba a dar el espectáculo de un peregrino cargando un sillón. Seguro que si propongo algo así a los fabricantes de estos artilugios seguro que aceptan promocionarme el entero peregrinaje.

La noche se echó encima casi sin darme cuenta. Es hora de pasarme por el restaurante para dar cuenta de mi cena.

Al mediodía el cielo era intensamente azul

Alatoz-Casas Ibáñez, 28 de marzo de 2015

Al mediodía el cielo era intensamente azul, ese azul que se ve por encima de los cuatro mil metros en los Alpes, el azul de la caja de pinturas Alpino que usábamos todos los niños en mi infancia. Caminaba, después de atravesar los meandros de la gran cortadura del Júcar a un paso por Alcalá de Júcar, por un paisaje en donde despuntaban los brotes de la cebada o el trigo alternado con cepas de viñas que se alargaban hasta el horizonte, cuando fui consciente de ello. Se había calmado el viento y el sol había empezado a calentar más de lo conveniente. Profe, recordaba yo la pregunta de alguno de mis alumnos de ocho años, ¿por qué el cielo es azul?; esa clase de preguntas que no vienen en los libros de texto, y que sin embargo aprovechan tanto la curiosidad de los niños.

El azul del cielo sobre el que flotaban pequeñas nubes blancas, se fundía en el horizonte con el verde de los cultivos, con pequeñas hileras de árboles, mientras yo recorría los primeros capítulos de la novela que había comenzado esta mañana, La rebelión de Atlas, de Ayn Rand, un volumen de más de mil páginas que espero pueda alimentar algunos centenares de kilómetros. El libro requiere atención y esta parte del camino que tengo por delante parece adecuada para sumarse en largas horas de lectura mientras la Ruta de la Lana se va haciendo casi sola, mientras el paisaje pasa y yo me sumerjo en los problemas del tendido de una red ferroviaria por el norte de México y sur de Estados Unidos. En eso deseo que consista a veces mi caminar, horas de contemplación, horas de lectura, un discreto contacto con la gente con la que me tropiezo. Mi yo es un accidente para estas tierras que atravieso y ellas son para mí otro tanto con posibilidades añadidas de transformarse gracias al calor, el frío, la lluvia o la belleza del paisaje, o a mi cansancio en una experiencia acaso notable en algún momento. Dime cómo, con quien, en qué circunstancias o paisaje te sientes realmente bien y acaso podamos hacer un proyecto para atravesar la vida con cierta posibilidad de éxito. Ese parece ser el mensaje estos días.

Apoltronado en mi casa con esta o aquella nadería pienso muchas veces en esto. Dado que no me es posible organizarme de acuerdo con ninguna directriz, no hay receta ni guión ni certeza que pueda decirme que es lo mejor para que mi vida pase de la manera más coherente y satisfactoriamente posible, no me queda otra que mirar a mi alrededor, echar un vistazo al pasado y tratar de averiguar en qué situaciones el organismo trabaja más a gusto, siente más satisfacción. Y cuando me sumerjo en esta idea sucede algo curioso, sucede que encuentro no diferenciarme mucho en este sentido de una ameba o un gato. Una de nuestras gatas, Bartola, no hace absolutamente nada en todo el día, cuando hace frío ella se busca los respiraderos de los radiadores y se pasa el día desperezando al calorcito de la calefacción. Luego, por la noche, se va de gatos o a cazar conejos, como sucedió esta pasada noche que Victoria la sintió sobre su cama como otras veces pero hoy demasiado inquieta. Encendió la luz para ver qué sucedía y se encontró con que se estaba merendando un gazapo, un conejito pequeño y aterciopelado. No hubo manera de librar al conejo, la gata se lo llevó debajo de la cama. A la mañana siguiente del conejito no quedaban más que los huesos. Se pasó el día siguiente junto al radiador haciendo la digestión. Las amebas hacen otro tanto, buscan el lugar más favorable a su cuerpo, tratan de encontrar un equilibrio en que las condiciones de reproducción y supervivencia sean más adecuadas. No sé si es exagerado pero creo que la enseñanza que podemos sacar de estos bichos es sustancial, es decir, tratar de averiguar dónde, cómo, con quien y en que circunstancias funcionamos mejor; encontrar el camino de aquello que realmente nos puede dar satisfacción independiente del trabajo que pueda suponer debería ayudarnos a conformar la vida.

Encontrar los ritmos adecuados a la existencia no es asunto baladí. Mi cuerpo hoy está muy cansado. Me pregunto, ¿es esto lo que buscas, es a través de esto que tratas de encontrar algún tipo de acomodo, de verdad para tu cotidianidad? Y la respuesta parece que es sí, aunque en este momento preferiría estar fresco como una rosa. Quizás lo que los animales buscan por instinto los humanos nos vemos obligados a encontrarlo con el difícil ejercicio del error y el acierto. Si el gato se apuntara de por vida a una comodidad junto al calor del radiador mal lo iba a tener. Sin embargo, seguro que si les propones a los humanos una vida cómoda y sin problemas tendríamos colas para firmar un contrato con semejantes perspectivas.

El día anterior había hablado con el ayuntamiento de Casas Ibáñez y el albergue, me dijeron, estaba actualmente ocupado por algunas personas, pero que si no era escrupuloso no había problemas. El problema era localizar a la persona con la que tenía que compartir la habitación. No sabían como hacerlo. Tan en el aire quedó la cosa que hoy llegando tan cansado como estaba no me lo pensé dos veces cuando entré en el pueblo, me metí en el primer hotel que encontré a mano. Una larga siesta después de comer y una ducha no lograron sacarme del sonambulismo en que me encontraba. Las diez de la noche. Me voy a la cama.

La rebelión de Atlas

Casas Ibáñez - Villarta, 29 de marzo de 2015

Amanecía, el campo enrojeció, las vides se vistieron de ámbar y en determinado momento, recordando yo qué sé cierta fiesta matinal a las orillas del Cantábrico, en mi cerebro se produjeron algunas sinapsis que me llevaron durante una hora en volandas por los recién amanecido campos de La Mancha. ¡Ua!, todo un terremoto que me obligó a parar en el lecho de un pinar porque ya no era capaz ni de ver el camino. Imperativos de la madre naturaleza que alegra con sus premuras el corazón de los humanos y lo dispone para afrontar de buen ánimo el día que comienza. Benditos sean los hados que nutren nuestro cerebro y nuestras neuronas con el fuego primordial de un yo avocado al tú en una especie de consumación donde todas y cada una de nuestras células encuentran su momento de plenitud. Amén.

Por lo demás campos y campos de almendros a los que la lluvia y el viento de días atrás habían robado la nieve de sus ramas, los pétalos de sus flores habían volado lejos arrastrados quién sabe dónde, porque los pies de sus troncos estaban vacíos; no eran aquellos almendros de mi casa que durante semanas dejan a sus pies un manto de flores como moza sin rubor que deslizara su claro camisón sobre la tierra oscura. Y junto a los almendros las vides de tronco oscuro podadas hasta convertir su cuerpo entero en un insólito muñón que milagrosamente vestirá de brotes verdes el campo en unas pocas semanas. De momento hileras e hileras de silenciosos troncos que el caminante fotografía de tanto en tanto tratando de obtener una toma que no sea solo una fotografía, algo que llame la atención del espectador, que sugiera una metáfora, que lleve a algún tipo de emoción; qué se yo, una fotografía puede ser una obra de arte, sólo que raramente lo es, se necesita la concurrencia de factores distintos que no siempre están a mano. Los resultados de una buena toma dependen mucho de la suerte, de la hora del día, de cómo se organizan los elementos frente al objetivo de tu máquina.

Y tras la larga hora de oscuridad en la que discurre mi camino, hoy más larga por el cambio de hora, en la que vuelvo al contacto con las estrellas, sobre mí algo más allá del cenit la Osa Mayor, a mi derecha Casiopea, y un buen rato después de la salida del sol y finalizado el terremoto al que me refería más arriba, me sumerjo en la lectura de La rebelión de Atlas. Y los kilómetros van pasando parsimoniosos mientras yo ando en otro mundo en alguna parte de Los Ángeles o Colorado donde alguien se empeña en poner sobre la mesa el sentido de lo que hacemos y en donde una sinfonía de Richard Halley, como sucediera con la sonata para piano nº 32, Opus 11 de Beethoven en Doctor Faustus. ocupa, como si de un estribillo se tratara, el trasfondo vivencial de la ajetreada vida empresarial de la protagonista.

El libro se perfila como una oda a los grandes empresarios de mitad del siglo pasado. "Si viese usted a Atlas, el gigante que sostiene al mundo sobre sus hombros, si usted viese que él estuviese de pie, con la sangre latiendo en su pecho, con sus rodillas doblándose, con sus brazos temblando, pero todavía intentando

mantener al mundo en lo alto con sus últimas fuerzas, y cuanto mayor sea su esfuerzo, mayor es el peso que el mundo carga sobre sus hombros, ¿qué le diría usted que hiciese? [...] Que se rebele". Una historia de gentes que acaso hoy menospreciamos porque identificamos con personajes que dedican su vida exclusivamente a hacer dinero, pero donde también existe probablemente la fuerza de la creatividad y el empeño por hacer el mundo más habitable, aunque lamentablemente el goce se centre casi exclusivamente en el empeño por hacer dinero. ¿Cual es la clase más depravada de los hombres?, pregunta en un momento uno de los personajes. La que no tiene propósitos, contesta su interlocutor. Y añade: "La única medida del valor humano es lo bien que hagas tu trabajo".

Sospecho que esta euforia empresarial, entonces dirigida contra los políticos y todos aquellos que se opusieran al desmedido deseo de obtener beneficios, la novela está ambientada en la década de los cuarenta y cincuenta de los Estados Unidos, constituirá más adelante las bases de este catastrófico sistema económico que llamamos neoliberalismo.

No en vano la autora cambió a última hora, a instancias de su marido, el título de su libro dejándolo en La rebelión de Atlas, identificando así a los empresarios con la figura del titán de la mitología griega que carga a sus espaldas los destinos del mundo, tal como fue representado por el escultor Lee Lawrie en la estatua que simboliza al Rockefeller Center.

Mi cuerpo funciona hoy con una regularidad que me llama la atención. Las horas de camino acumuladas parece que van templando los músculos de mis piernas. Me da gusto comprobar que después de veinticinco kilómetros me encuentro discretamente bien, que mi cuerpo se va haciendo a la rutina del camino. A mitad del trayecto, en Villamalea, desayuné y leí la prensa, fue la única parada esta mañana, no hubo necesidad de más.

Mientras como en el local de Mónica Córdoba, la gentil propietaria y próxima peregrina con destino a Santiago, inevitablemente tengo que ver por enésima vez todo lo relacionado con el accidente aéreo. Me causa vergüenza ajena ver cómo la televisión abunda una y otra vez y día tras día con una buena dosis de morbo en los mínimos detalles del accidente y sus consecuencias. Los montajes intentando reproducir con muñecos de animación lo que sucedía en el avión no parecen destinados a otra cosa que no sea alimentar más y más una curiosidad que debería haberse detenido ya para dejar espacio al dolor y al respeto de los fallecidos. Que los medios utilicen a estos últimos para fines propios de una manera tan reiterada me parece totalmente vergonzoso.

Fin de jornada en Los Tubos, el local de Mónica Córdoba, el parada y fonda de mi etapa de hoy.

No, mejor no termino todavía. Cuando bajé a cenar me volví a encontrar con Mónica y de ello quiero dejar constancia en mi crónica, incluida la foto que nos hizo Andrés, un anciano de risueña mirada que se prestó a fotografiarnos con sus manos temblorosas a las puertas de su local. Resultó que al entusiasmo de Mónica por las cosas del Camino de Santiago se agregó el que fuera monitora de spinng, o ciclo indoor, como también se llama, una actividad que me resultaba totalmente ajena y que de solo oírla a ella explicar en que consistía ya a uno le entraban ganas de apuntarse a una de sus sesiones. Bici estática a ritmo de música, un mogollón de gente subiendo montañas o bajando por desfiladeros a ritmo de rap puede ser algo muy determinante para estimular el flujo de las endorfinas. No fui capaz de digerir más que una parte ínfima de mi cena. El resto quedaría para desayunar a mitad de mañana en mi camino.

Dejo aquí constancia de la entrañable hospitalidad de Mónica. Gracias.

Conversando frente a la residencia de ancianos

Villarta - Campillo de Altobuey, 30 de marzo

Hoy salí todavía más temprano que de costumbre, mis pasos en la oscuridad me parecieron más profundos, ese ruido cadencioso de mis botas sobre la tierra intuí que guardaba cierta similitud con los latidos del corazón. Mis botas se abrían paso en una oscuridad casi absoluta sólo matizada por la luz de las estrellas y algún lejano reflejo en el aire del alumbrado de un pueblo. Es magnífico este silencio y esta oscuridad que vivo cada mañana de camino. Se trata del momento más íntimo del día, los instantes en que todos mis sentidos rastrean el entorno bañándose con la pura limpidez de una naturaleza que se comunica conmigo, y yo con ella, a través de la simplicidad de su silencio y su oscuridad.

Paisaje como días atrás de almendros y viñedos. Pequeñas lomas por las que zigzagueaba mi sendero un kilómetro tras otro como indiferente, siempre en dirección noroeste. Ninguna sorpresa, una autovía que atravesar, la línea del AVE, un pueblo por medio en donde no encontré la oportunidad de un bar para desayunar. Tuve que hacerlo abrigado del viento entre unas encinas.

Fueron treinta y seis kilómetros. Desde el restaurante en que había parado a comer en Campillo llamé al ayuntamiento y quedé para dos horas más tarde con la encargada del polideportivo, mi alojamiento de hoy.

Junto al polideportivo, mientras esperaba la llegada de María, la encargada que me proporcionaría un espacio para pasar la noche en este pueblo sin posada ni hotel, pegué la hebra con Fermín y Manolo que tomaban el sol de los últimos años de sus vidas; eso parecía decir la actitud de ambos, Fermín apoyado su mentón sobre los nudillos de sus manos sentado en una silla de ruedas y Manuel dando cuenta de sus males. Los dos tenían más de ochenta años. Manuel había sufrido un desmayo mientras se encontraba en lo alto de una escalera y le faltó el canto de un duro para matarse. Posteriormente se repitieron dos veces más los desmayos. En el hospital le habían metido en una especie de túnel, decía, y el médico le había dicho que en la parte derecha de su cerebro había algo que no marchaba. Me lo contaba y se encogía de hombros con la resignación de quien asume que en cualquier momento se puede ir de este mundo sin más. Mi cabeza ya no funciona bien. A Fermín no parecía irle mucho ese tipo de conversación y prefirió remitirse al tópico de lo mal que está todo y a que aquí ya no hay trabajo, que muchos arrancaron las cepas de sus viñedos porque recibían una buena subvención. Charlábamos a la puerta de la residencia de ancianos.

He pensado muchas veces en estos viejos de pueblo sentados en la plaza del ayuntamiento al sol del invierno, generaciones de ancianos que dejaron transcurrir sus vidas como éstos, arando, vendimiando o segando aquí o lejos de su tierra, ellos contaban de cuando los tiempos de después de la guerra que marchaban andando a Cuenca a setenta kilómetros para segar unas tierras y volverse una semana después por el mismo camino. A estos ancianos me los encontré por todos los lados desde mis primeros viajes por la Península. En las misérrimas Hurdes de los años setenta eran una de esas estampas que Victoria y yo rescatamos para un primer reportaje fotográfico, que además de corroborar la desazón del conocido. documental de Buñuel, Las Hurdes, tierra sin pan, empezó a ilustrarme sobre una realidad que hasta entonces no había encontrado ni en los libros ni en mi corta experiencia de vida. Ese mundo de la pura contemplación, de tomar el sol, de repetir hasta la saciedad la historia de los mismos asuntos, la mili, las siembras, los pequeños chismes del pueblo agotaron muy pronto mi curiosidad por la gente mayor del medio rural. Salvo muy raras excepciones los pueblos pequeños y sus habitantes fueron para mí durante décadas sólo motivo para mi cámara fotográfica. Me sucede todavía hoy, la monotonía y sabida vida de la gente mayor de estos pueblos hacen que preste una liviana atención. No es un criterio que hable bien de un viajero, pero es la realidad. A mí me gustaría encontrarme gente interesante que provocara mi inteligencia, que me sorprendiera, que convirtiera la conversación en una gimnasia mental o que simplemente me proporcionara el placer de escuchar alguna historia interesante, que transmitiera algún tipo de entusiasmo o pasión. Es así, no basta con viajar o atravesar el mundo a pie, es necesario que el viaje tenga alicientes nuevos, que la sutileza del paisaje y los encuentros te satisfaga, que no te encuentres a la vuelta de la esquina las mismas cosas. Sucede cuando viajando no hay manera de evitar los lugares comunes en la conversación con otros viajeros del dónde vas, dónde vienes o el precio de esto o lo otro.

Hablo de la monotonía y el aburrimiento y del poco esfuerzo que a veces se hace para salir de ese erial. Siempre imagino una conversación como un esfuerzo constante por parte de los que hablan de abrir nuevos caminos y tratar de acercarse al divertimento que proporcionan las palabras, el hilo de ironía o pasión que puede planear entre ellas, los argumentos, la curiosidad. Me da pena que algo con tantas posibilidades de placer como puede encerrarse en una conversación quede tan a menudo reducido a un simple intercambio de palabras con que matar el tiempo. Nadie se va de viaje a un lugar del cual no cabe esperar algún especial aliciente.

El polideportivo estaba frío y poco apetecible mientras que fuera el sol calentaba a todo aquel que quisiera exponerse a sus rayos. Nada más gratuito y agradable que sestear un día de viento a la semisombra de unas arizónicas. Con un par de aislantes que me había prestado María me hice la cama y no tardé más de dos minutos en quedarme dormido. Esta facilidad para caer dormido en cualquier parte, sombra de olivo, encina, pino, a la vera del camino es una de las cosas más majas que conozco.

Desde mi posición de tendido supino sobre los bancos de madera del vestuario del polideportivo oigo desde hace rato los tambores que marcarán los pasos del jueves o viernes santo. Salgo con la cámara a ver si pillo algo. No, están simplemente ensayando, la música viene de algún local cercano. Este pueblo no tiene pensión ni hotel, pero no le falta su Semana Santa.

Cuando el placer de la lectura te hace olvidar el camino

Campillo de Altobuey - Monteagudo de Salinas, 31 de marzo de 2015

Hoy no se puede decir exactamente que caminara una buena parte de la mañana. Hoy era otra cosa. Hoy igual podía haber ido en tren o en coche, el resultado habría sido el mismo. Mi actividad principal no era de ningún modo caminar, me había introducido hasta tal punto en la lectura de La rebelión de Atlas que apenas era consciente de mi caminar o de lo que sucedía a mi alrededor; si alguien me hubiera preguntado por el paisaje que había atravesado durante las cuatro últimas horas sólo le podría haber contestado muy vagamente. Desde luego el libro me tenía atrapado pero también había sucedido anteriormente aunque por distinta razón, un par de horas que empleé en los primeros capítulos de Mínima moralia, una de las obras de Adorno que había demorado muchas veces porque su lectura difícil era un reto que debía emprender con una disposición de atención no muy frecuente en mí. En el caso de Mínima moralia concentré tanto mi atención en la lectura que quedó poca parte de mí para seguir el camino, una tarea que delegué completamente en el teléfono donde una voz femenina me avisaría amablemente con un "fuera de ruta" en el momento en que me alejara cien metros de mi ruta establecida.

Más tarde, después de haber pasado Paracuellos y haber desayunado junto a una fuente, la cosa fue diferente, cambié la filosofía por mi novela y no fue ya necesario hacer un ejercicio de atención, la novela se la bebió toda ella solita; resultó que estaba recuperando esa actitud de lectura que con tanto cariño recuerdo de días de la infancia o del tiempo de adulto en que la tarde o la noche pasaba de un soplo sumido en las páginas de un libro, momentos en que Dostoievsky, Tolstoy, Víctor Hugo, Stendhal, o más tempranamente Emilio Salgari o Julio Verne, constituían una parte de mi realidad más plausible que aquella del día que estaba viviendo, esas circunstancias en que la densidad de la lectura sobrepasa con creces a aquella otra de la vida real.

Un verdadero regalo para mi condición de lector caminante que después de treinta kilómetros todavía era capaz de degustar la prosa de Ayn Rand con placer. No sólo eso, hubo un momento, atravesaba un tupido bosque de pinos y mi sendero zigzagueaba entre matas de jara, en que el placer de la lectura me obligó a detenerme. El empresario del acero y la empresaria del ferrocarril discutían asuntos técnicos y mientras ella leía los detalles del proyecto de un puente de acero el otro, casado con una aburrida mujer de la alta burguesía, mantenía una conversación interior intensa con aquella mujer del ferrocarril enfrascada en la lectura de un informe técnico. Cuando ella termina la lectura del informe y el ingeniero del acero debe responder algunas cuestiones, en este instante se invierten los papeles y mientras aquel habla ella no hace otra cosa que comunicarse silenciosamente con él, reconociéndole como la única persona en el mundo con la que podría convivir. La estratagema se mantiene durante un rato mezclando los asuntos empresariales en alta voz con el diálogo silencioso que los interlocutores mantenían. Leer esta parte de la novela era un placer tan inesperado como intenso. La construcción de un inmenso puente de acero injertado en la savia que corre por los aledaños de una pasión recién descubierta componían un cuadro digno de la mejor literatura que se haya escrito en muchos siglos.

Cuando después de las dos y media, había empezado a caminar a las seis de la mañana, apareció el pueblo tras unos pinos, enseguida me dio mala espina. Tengo la mala costumbre de no leerme nunca el itinerario ni de indagar por el sitio en el que termina mi jornada y hoy parecía que esta negligencia me iba a pasar factura. De hecho el único pueblo por el que había pasado por la mañana era más grande a éste, Paracuellos se llamaba, y en él no encontré un alma en sus calles, tampoco nada que se pareciera a un bar o a una tienda. Cerca de mi destino me vi obligado a desengancharme de la novela que me tenía atrapado con los trabajos últimos de una nueva línea férrea en Colorado. El pueblo tenía un aspecto desértico, pero cuando me dirigía a la parte superior me vino cierto olorcillo a carne asada que hizo que cambiara de dirección. Al fondo se veía el anuncio de una cerveza. Suspiré. Ya me veía comiendo un chuletón de Ávila con una buena jarra de vino. Di la vuelta a la calle. La puerta del bar estaba cerrada a cal y canto. El olor a barbacoa había sido una ilusión olfativa provocada por mi apetito. En las calles ni un alma. Pasada una puerta descolorida sobre cuyo dintel decía

"Consultorio médico" había un coche aparcado muy próximo a una vivienda. Golpeé inútilmente la puerta. No hubo respuesta. Una estrecha calle subía hacia la parte alta del pueblo. Todo parecía muerto. Ya pensaba que iba a tener que tirar con mi comida de emergencia hasta mañana; unos frutos secos, algunas barritas y un poco de chocolate. Saqué el teléfono y consulté lo que decían mis notas. El ayuntamiento ofrecía su centro social, un trozo de suelo a cubierto en donde pasar la noche. Estaba a punto de llegar a lo alto de la cuesta cuando en un callejón a la derecha descubrí otro anuncio de cerveza. Oí voces, ahora si que suspiré aliviado y con razón. Tras una cortina de canutillo una joven y un hombre de media edad charlaban fumando un cigarrillo. Jo, creí que no había nadie en este pueblo, saludé. Ella sonrió afable y me indicó una puerta lateral que me llevaba al bar. Una pareja mayor comía bajo la pantalla de plasma. Respondieron vagamente a mi saludo. Sí, tenían comida. Pregunté por un alojamiento. El alcalde se pasaría por el bar a tomar café dentro de un rato. Buá. Ahora si a podía dar un soplido aliviado.

Ciento sesenta habitantes censados, de hecho menos de cien en esta época, me contesto el alcalde cuando le pregunté por la población del lugar. El centro social resultó ser un lugar acogedor aunque frío. Tenía un amplio balcón donde daba de lleno el sol. Arrastré un cartón de embalaje hasta él y me preparé una cama. Todo un símbolo el peregrino durmiendo sobre el emblemático lecho de los vagabundos y de los indigentes de las ciudades. Jo, que gustirrinín. Tumbarse a dormir a pierna suelta después de hacer treinta y cinco kilómetros y haber satisfecho el apetito tras la intriga del ayuno por medio era un regalo casi desproporcionado para el caminante. Para la noche dispondría de un colchón casi a estrenar. Menos da una piedra.

Mañana estoy en Cuenca. Esto va que vuela.

Había terminado mi crónica aquí y me había marchado a cenar al bar, pero el último sol de la tarde vestía de ámbar la torre de la iglesia, las fachadas, los restos de un castillo en lo alto del pueblo y terminé dándome una vuelta por aquí y allá. Pueblo pobre de iglesia grande y ayuntamiento vistoso que me sorprendería por el empeño de llenar de flores algunas de sus calles sobre rústicos bidones de deshecho. Algunas señoras mayores responden amablemente a mis buenas tardes, ahora sí, mirándome como a un parecido. Subo hacia el promontorio del castillo del que apenas quedan unos pocos restos, fotografío a un gato sobre una hilera de tiestos, termino metiéndome en la iglesia. Dos señoras estaban cerrándola pero la abren para mí. Un peregrino camino de Santiago debe de ser todo un personaje religiosos para ellas. Me intereso por la iglesia, por su semana santa, por algunas esculturas. Las siento como dos almas cándidas, siento respeto por estas dos mujeres, el respeto de un ateo por las almas sencillas que emplearon su vida en el culto de una religión que aunque a mí me parece una estafa ha servido para que muchas almas nobles y sencillas hayan vivido una realización personal que no pudieron o quisieron encontrar en otro lugar. Hay verdadero calor humano en la despedida después de esta conversación a la vera de un cristo vestido de morado que carga su cruz camino del monte Calvario.

Un momento de perplejidad

Monteagudo de Salinas - Fuentes, 1 de abril

Había caminado cuatro horas desde un poco antes del alba y escogí un prado en el declive junto al camino para desayunar. Esperaba hacerlo, según suponía, en Fuentes, a unos doce kilómetros de donde partí, pero el sendero se me alargó tanto que tuve que improvisar mi tentempié. Resultó que desde Monteagudo a Cuenca había veinticuatro kilómetros y cuando consulté el teléfono algo más tarde de las ocho de la mañana, cuando esperaba que me faltaran una docena de kilómetros, resultó que mi aplicación marcaba casi treinta. Lo primero que pensé es que en la oscuridad de la madrugada había tomado una dirección opuesta. Manipulé aquí y allá sin dar con el misterio que tenía delante. El asunto resultó simple. Acostumbro a nombrar los tracks que uso con el nombre del lugar de llegada seguido de un número que indica el número de kilómetros del recorrido. En este caso se llamaba Cuenca24, es decir veinticuatro kilómetros a mi destino. Pero, amigo, en está ocasión ¡había bailado los números! El tracks debería haberse llamado Cuenca42. Tener en expectativa que vas a hacer veinticuatro kilómetros en la jornada y encontrarte a mitad de camino que son cuarenta y dos es un jodido descubrimiento. Pero ahí no iban a terminar hoy las contrariedades.

Tumbado sobre la hierba di cuenta de mi desayuno sacado de mi bolsa de seguridad, la que guardo siempre de reserva para casos imprevistos, una buena dosis energética compuesta por frutos secos, pasas y dátiles más alguna barrita. También terminé con restos que siempre quedan por ahí, un mendrugo de pan, dos rosquillas pulverizadas y dos magdalenas también convertidas en migas acompañadas con un poco chocolate. En fin lo suficiente para llegar sobre las dos al pueblo en donde pensaba desayunar.

Cuando terminé recogí, cargué el macuto y eché a andar mientras me enchufaba los auriculares para continuar la novela que venía leyendo. Y transcurrió, qué se yo, media hora acaso, cuando levanté la cabeza y descubrí que mi sombra caminaba sorprendentemente delante de mí. Se comprenderá enseguida que yendo yo camino de Burgos, en torno a las once de la mañana aquello era totalmente anómalo. Quien camina hacia el norte a esta hora lleva siempre la sombra tras de sí con el sol dándole en los ojos. Joder, el día se había levantado totalmente enigmático. Ya tenía yo delante de mí el enigma de la pirámide para resolver. Miré el teléfono, en aquel tramo el camino era totalmente recto, no había ninguna curva prolongada engañosa. Estaba totalmente perplejo, allí parado en mitad del camino sin comprender absoluta nada de lo que me estaba pasando. Cuando caminas, en tu cabeza se dibuja un mapa que se corresponde exactamente con el que está en la pantalla del teléfono y en mi cabeza estaba que Cuenca debía de aparecer dentro de un rato tras unas lomas lejanas que veía delante. Cuando uno tiene esa verdad en la cabeza no es posible comulgar con otra. No puedes meter en tu cabeza de repente aquellas lomas que ves delante de ti como si fueran las que atravesaste aquella misma madrugada, así es que lo único que te queda por pensar es que un gnomo está jugando con la masa gris de tu cerebro, que acaso algún fenómeno extraño está sucediendo dentro de tu cráneo. Ya que mi cerebro no encontraba la solución traté de hallarla en mi teléfono. Pero mi teléfono era terco como una mula, se limitaba a decirme lo mismo que me decía con su evidencia el astro rey allá en lo alto, que el camino que llevaba, de seguir en la misma dirección, terminaría por dejarme en el estrecho Gibraltar en lugar de en las costas del Cantábrico. Pero no y no, Cuenca seguía delante de mí sin ninguna duda, así que tras pensar que andando resolvería el enigma continué mi camino en la dirección que llevaba. Y caminando así no había recorrido más de doscientos meteos cuando, date, me di de narices con la ocasional flecha amarilla que indica el camino hacia Santiago, sólo que la flecha estaba en el revés de un poste, es decir señalaba en la dirección opuesta a la que caminaba. No, aún así no logre salir de mi perplejidad, asumí que no podía ir contra el sol, contra las indicaciones de mi gps y ahora contra la flecha amarilla que señala el camino hacia Santiago, eran demasiadas evidencias para un pobre diablo como yo que seguía teniendo en la cabeza que Cuenca estaba camino de Alicante. OUA, sí, terminé dando la vuelta y diciéndome que acaso en alguna parada con el despiste de la novela que iba leyendo había invertido mi marcha. Como se ve puedo llegar a ser un sujeto peligroso si alguno tiene en la cabeza confiar en mí para hacer un camino juntos. Muchas veces tan abstraído voy que sería incapaz de reconocer un camino por el que he pasado un centenar de veces. Al poco rato descubrí a mi izquierda a lo lejos una carretera a la que hora y media antes aspiraba a acercarme mientras subía por esta misma cuesta que ahora descendía; ¡por fin reconocía un lugar por donde ya había pasado antes en el mismo sentido! ¡La leche! Dos kilómetros más allá se desveló el enigma, el camino llegaba a un cruce y daba una vuelta de casi ciento ochenta grados a la derecha para enderezar posteriormente al norte de nuevo. Por alguna razón desconocida que no llego a comprender yo hice esa operación en sentido contrario tomando un sendero que después se unía al que traía momentos atrás. La lectura parecía tener la culpa de todo.

Mientras escribo estas líneas escucho monótono un coro de mujeres que entonan el "Perdona a tu pueblo Señor, no estés eternamente enojado, perdónale Señor". Hoy pernocto en una ermita del pueblo de Fuentes, una pequeña habitación en una esquina de la ermita. También comí por cuenta de una fundación que se ocupa de los peregrinos. Una señora legó tras su muerte algunos edificios de su propiedad y tierras para uso comunitario y dejó establecido que a todo peregrino que pasara por el lugar debería dársele alojamiento y comida. Así que hoy soy el beneficiario de una dadivosa dama fallecida hace un puñado de años. Fue el mismo alcalde el que me condujo hasta la ermita.

Pasaba por las calles del pueblo pensando en buscar el ayuntamiento cuando Chaparro, un hombre alto de mirada vacilante acaso por un pequeño exceso de alcohol para la hora que era, se me cruzó en el camino y me llevó casi de la mano hasta la puerta del alcalde. Por la tarde, cuando salí a darme una vuelta, me lo encontraría de nuevo, o acaso estuvo al acecho para encontrarse conmigo. Chaparro ha sido seminarista, está en paro y tiene unas enormes ganas de charlar. Resultó que había vivido de pequeño en el barrio Extremadura, el mismo en que yo pasé mi infancia, lo que dio pie a que un pedazo de su vida saliera a colación incluida su etapa de seminarista, una condición a la que fue a parar a instancias de un tío cura. A los doce años quedó aislado en un seminario cercano a una pequeña aldea conquense. Me cuenta el martirio que supuso para él dejar a sus padres para vivir en aquel exilio. No resistió más allá de tres años, sin embargo elogia la educación que le dieron allí. Chaparro quiere retenerme, tomarse una cerveza conmigo, seguir charlando. Tiene casa, pero está solo, y en paro y tiene una terrible necesidad de que le escuchen y le den un poco de calor humano. Me da un poco vergüenza pero el peregrino, un servidor, tiene algo de miedo ante esa excesiva intimidad que se abre frente a su interlocutor. Insisto en que tengo que acostarme temprano y poco a poco mientras él comienza a arrojar su aislamiento y falta de sentido de la vida sobre mí yo continúo despidiéndome y diciéndole indecentemente, venga, Chaparro, me tengo que ir, que te vaya bonito. Le veo consumir los dos últimos centímetros de la colilla de su cigarro con la fruición de quien respira hondo para hacer llegar el oxígeno a sus pulmones. Adiós, Chaparro, hasta otra.

El avispado y el obispado

Coño, pero si es la luna. Nada más dejar atrás el alumbrado público de Fuentes me sorprendió sobre una loma el queso redondo de la luna lunera cascabelera. Hacía tanto que no veía a la luna en pleno campo que casi fue un encuentro como de viejos amigos. Duró muy poco porque pronto se escondió tras las lomas. No importa, ahora sé que en los próximos días estará cada día más alta y me acompañará por tanto por el oeste a la altura de donde lucen Castor y Polux mientras yo me abro paso entre Casiopea y la Osa Mayor, la estrella Polar siempre frente a mí cada mañana desde que salí de Alatoz.

Atravesé Cuenca hacia el medio día. Me cundió bastante esta mañana. Me hubiera gustado darme una vuelta por el museo de Arte Abstracto pero, además de que me resulta muy difícil salirme del camino, un tren dentro de sus carriles es lo más parecido a lo que le sucede al caminante cuando se le mete en la cabeza hacer determinada ruta, andaba con la idea de alojarme en uno o dos pueblos más allá que no tenían ningún tipo de acogida para peregrinos. Así que mi tránsito fue visto y no visto.

Había llamado a los hostales de los dos pueblos y estaba todo ocupado. Cuando llegue a Nohales no obstante fui a ver si me podían hacer un hueco. Parece que a un peregrino es difícil negarle un hueco. Media hora más tarde estaba sentado en el jardín del hotel a la semisombra de un arce. El zumbido de las abejas bajo el arce con los amentos colgando brillante en todas sus ramas era el de un potente motor al ralentí. Cuando entré en el jardín del hotel me pareció estar bajo un enjambre. Las abejas como osos que se hubieran pasado todo el invierno sin probar bocado zumbaban afanadas sobre mi cabeza.

Mientras espero la comida el afilador, antaño equipado con una bici, un flautín y el artilugio de la piedra de amolar tras el asiento, conserva hoy su cantinela sonora que pasea por el pueblo ahora con un altoparlante montado sobre una furgoneta. Eso es lo que hemos progresado desde que yo era niño, el afilador ha cambiado su bici por la furgoneta; el resto es lo mismo, de lo que se trata es de afilar cuchillos, navajas o tijeras. Además las calles de estos pueblos están en esta época como entonces, todo preparado para las procesiones del Jueves y Viernes Santo. En ocasiones podemos sufrir la creencia de que el mundo ha cambiado una barbaridad como se cantaba en cierta zarzuela. Hoy, sentado a la sombra de un arce tomado por las abejas, mientras me tomo un tónica y pensando en este mundo que atravieso desde hace días, una vieja ruta por donde transitaban cabreros y esquiladores con sus rebaños camino del norte o del sur según la época, caigo en que acaso en medio siglo no han cambiado tanto las cosas como creemos, al menos aquí. El afilador, los días de mercado, los viejos al sol, la Semana Santa, los campos disciplinados por el agricultor... Los anhelos de la gente, la hospitalidad ocasional, en fin, esa obsesión que tenemos por el pronóstico del tiempo.

Tampoco ha cambiado el hecho de que unos pocos ideen cada momento algo para sacar dinero. Mi hotelero de hoy, por ejemplo, además de trabajar en el hotel ejerce un oficio nuevo, algo así como diseñador de jardines funerarios. Mientras nos dirigimos a un edificio anexo donde estaba mi habitación yo le había comentado que en casa tenemos un enorme arce que fue plantado por mis hijos sobre la tumba del primer perro que tuvimos. El cadáver del perro había nutrido muy provechosamente al árbol, que estaba tan grande como el del hotel. A partir de ahí me explicó a aunque él había diseñado el jardín del hotel su verdadero oficio, el que más le gustaba era de diseñador de jardines funerarios, unos espacios destinados en los cementerios a distribuir estéticamente las urnas con las cenizas de los difuntos. Me contaba de un próximo proyecto suyo relacionado con el Camino de Santiago. La idea consistía en "explotar" el posible deseo de muchos amantes del Camino de yacer una vez fallecidos en las cercanías de los restos de Santiago Apóstol en uno de esos jardines que él diseñara. El avispado diseñador dijo tener una cita próxima con el obispado para tratar este asunto. No dudo que tratándose de hacer dinero obispado y avispado llegarán a un acuerdo sin más dilación.

Me eché la siesta. Una hora más tarde sonó el despertador. Creo que estaba muy cansado. Permanecí en la cama especulando con la idea. No había hecho muchos kilómetros hoy, apenas veinticuatro y sin embargo mi cuerpo parecía tener encima cuarenta o cincuenta. ¿Qué podía significar esto? Recordé entonces la extraordinaria fuerza que acumulé el pasado verano atravesando a pie los Alpes. ¿Hasta cuando se prolongarán estas fuerzas, me pregunto en la situación de hoy o cuando me veo cojear durante muchos kilómetros porque la rodilla etc.? Claro que me adaptaré, faltaría más, cuando caminar largo se me haga difícil, pero no por ello la idea deja de pasarme por la cabeza. Me gusta pensar que he dedicado los años más tardíos de la vida para esta hermosa actividad de vagabundo. Tanto tiempo conmigo mismo, tanto esfuerzo continuado, incluso esta tarea autoimpuesta a veces como un deber gratuito de ir recogiendo palabras para nombrar lo que sucede a mi alrededor, en el cuerpo, en la memoria cuando el final del día podía ser pura contemplación, el placer de estar sentado al final de una larga ascensión. La pereza que me lastraba parcialmente este invierno ha desaparecido sin embargo sustituida por una combatividad que primero tuvo que enfrentarse a mi falta de entrenamiento y que ahora me echa de un puntapié a la oscuridad a las seis de la mañana cada día. Es algo que me gusta. Esa jodía pereza que uno tiene que mantener a raya como si tuviera que levantar una piedra excesiva a cada momento.

Esta lucha con uno mismo es una de las cosas más paradójicas que pueda darse. Estuve tan ricamente a gusto en casa todo el invierno que me fue imposible hacer más de un par de salidas a la sierra. No tuve realmente ganas de salir en ningún momento; no había mi pizca de esa fuerza que me llevaba constantemente a la montaña. Me gusta sí, pero o estaban demasiado lejos, o hacia mucho frío, o... vaya usted a saber qué disculpa podía buscarme. La paradoja consiste en que cuando era más joven una fuerza interior me lanzaba a ellas en todo momento mientras que ahora nanáis, ahora es la razón la que tiene que empujarme. Luego sí, luego cuando ya estoy allí con el convencimiento encima de que tengo que hacerlo y me meto en faena, entonces ya es otra cosa, entonces me pongo las pilas y el frío, el esfuerzo, la memoria y la bondad de los paisajes o experiencias que acumulo ya me pone totalmente a la altura del proyecto en que me he metido. Tan cierto es que si dejara de hacer esto mi calidad de vida iba a disminuir notablemente, que no me queda más remedio que de momento seguir apencando con este tipo de actividades.

Llegó la hora de mi cena. Se acabó.

Perdona a tu pueblo señor

Nohales - Torralba, 3 de abril

Una de las cosas más jodidas de caminar de noche son los perros. Imaginad el escenario, plena oscuridad, un silencio absoluto sólo roto por los pasos del caminante, la quietud del campo y de repente, sin saber de donde vienen, los ladridos de una jauría rabiosa. De día puedes hacerte una idea, calibrar el peligro o, como el otro día que me salió medio loco un mastín al paso, descargar rápidamente el macuto para sacar los bastones y aprestarte a descargártelos sobre la cabeza si osa acercar sus dientes a tu precioso cuerpo; sin embargo de noche te encuentras indefenso, nunca puedes saber con seguridad si los perros estarán sueltos o no, solo verás ojos brillantes en la oscuridad. Cuando me encuentro en una de estas situaciones siempre mi cuerpo destila cierto chorro de adrenalina. Esta madrugada noche era una jauría como de enajenadas bestias. No había rodeo que valiera. El camino tenía alambradas a ambos lados. Recordé a cinco mastines que me salieron al paso una vez en una zona montañosa de Galicia, los cinco corriendo hacia mí como dispuestos a devorarme y yo con los bastones dando vueltas alrededor de mí y lanzándolos al aire intentando intimidarles mientras ladraban y me babeaban casi encima. Un minuto debió de durar aquel momento de tensión hasta que oí a lo lejos la voz del pastor que llamaba a los perros. El alivio que se siente cuando estás en medio de esa escandalera y compruebas que al fin los perros están seguros tras una valla es grande, lo aseguro.

Cuando empezaba a amanecer y atravesaba una pequeña aldea me sorprendió el alboroto de los pájaros en las ramas de los chopos. No los había oído antes y pensé que en realidad los pájaros también debían de ser animales deseosos de compañía, en esta parte del país habían huido del campo para habitar los tejados, los setos o los árboles cercanos a las casas de los aldeanos. Pasando por la aldea me sorprendió un olor viejo de estufa de carbón, el de los pueblos de la cuenca minera de Asturias, en uno de los cuales había vivido durante dos años ejerciendo el oficio de maestro. Profundo olor que preludiaba los largos meses de lluvia en que Victoria y yo nos refugiábamos al calor de la cocina de carbón durante un largo invierno en la cuenca del río Narcea.

La lectura de Adorno me viene grande, me cuesta seguirle. Adorno habla brevemente del placer idiota que habita en la mente de los amasadores de dólares, de aquellos que confunden el verdadero placer con el consumo estúpido a que invita nuestra tecnología cada vez más "avanzada".

La mañana es apacible aunque muy fría. Mucho tiempo después de salir el sol todavía conservo puestos mis guantes y gorro de lana. A las diez ya puedo deshacerme de parte de mi ropa, me despanzurro al sol, desayuno. Después atravesaría la sierra de Bascuñana siguiendo los incidentes de La rebelión de Atlas. Montes de olorosos pinos, de romero, de vueltas y revueltas que tras atravesar un collado me dejarían en un amplio valle que me llevaría hasta Torralba.

En Torralba con lo primero que me encuentro es con el enorme olmo de la plaza. Un par de vecinos me llevan directamente a la tasca en donde está el alcalde. Tras una breve charla me doy la vuelta y me encuentro con Isabel, la entusiasta peregrina de Barcelona que me ha precedido hoy en el camino, una enamorada del Camino, sí, con mayúscula, porque como Dios para muchos camino solamente hay uno. Isabel se está comiendo una enorme ensalada que compartimos mientras mi entrecot va cogiendo el punto. La esperada charla de los caminantes que se encuentran en las encrucijadas de los senderos o en las posadas donde van a parar sus huesos después de una fatigosa caminata. Isabel ha conseguido ya alojo y la reclaman para llevarla a la casa. Antes nos hacemos la foto de rigor. Quedamos en vernos más tarde; si no ya nos encontraremos en el camino.

Al poco de terminar de comer viene el alguacil a buscarme. El centro social ocupa una de las esquinas del piso bajo del ayuntamiento. Un espacio algo destartalado y frío con dos enormes mesas que preveo desde el primer momento que me servirán de cama. No hay colchón ni aislante, así que me toca dormir sobre la pura madera. Hoy no caigo en la tentación de sucumbir a la siesta. Hay una buena luz para mi cámara y decido darme una vuelta. El alguacil intenta convencerme de que el esqueleto del viejo olmo de la plaza, olma, según testifica una placa, debería ser talado. Horror, le digo, ¿no te das cuenta de que ese árbol, muerto, sí desde hace seis años, además de ser bello es un monumento a la vida? Pero él es un hombre "práctico" y no entiende que ese tronco, como el torso de uno de los magníficos esclavos de Miguel Angel, es la representación de una voluntad por vivir que sobrepasa con mucho la mediocridad de nuestra cortedad de miras. Una placa en la fachada del ayuntamiento indica la fecha en que el olmo fue plantado, el cinco de enero de 1787. ¿Os imagináis un ser vivo de pie sobre la tierra desde los tiempos de la Revolución Francesa?

La iglesia está solitaria. Una virgen dolorosa y un cristo con la cruz a cuestas esperan en los laterales el momento de la procesión. En uno de los rincones se erige un moblaje prehistórico que no sé si todavía está en uso, se trata de un pequeño confesionario. Me pregunto si ese obsoleto sacramento seguirá todavía vigente en la iglesia de Torralba, un tiempo en que los psicoanalistas modernos sustituyeron el confesionario por el diván de sus gabinetes de analistas. Junto al confesionario las antiguas velitas votivas destinadas a pedir a vírgenes y santos algún especial favor han sido sustituidas por un dispositivo eléctrico automático que acciona una luz de bajo voltaje en función de las monedas que eches por una ranura dispuesta al efecto. La curia romana aunque con un poco de retraso se abre paso en la modernidad tecnológica de nuestro tiempo. Jeje. Junto a la puerta de entrada un respetable buzón está presidido por un letrero que dice: "Limosna penitencial" Hay tantas cosas infantiles en la Iglesia que dan risa por su ingenuidad y que a no ser por el expolio que a las arcas del estado supone la contribución a la Iglesia, la institución más retrógrada de las que conozco, uno estaría dispuesto a meterla en el mismo saco que los farsantes más notorios de la historia. Últimamente se apropiaron por la cara de la titularidad de la mezquita de

Córdoba... no hablo a lo loco. Está por ver el tiempo que va a durar el nuevo Papa Francisco si sigue indagando y queriendo alumbrar lo que hay dentro de la mafia de la Banca Vaticana. Es vergonzoso que una institución tal viva en connivencia con sucias cuentas de abultado dinero mientras predica lo que predica. Cuando uno oye al papa Francisco tiene la impresión de oír a un reo atado de pies y manos por escondidos e innombrables intereses. ¡La iglesia Católica es un insondable pozo de paradojas!

Hoy resuena por todos lados esa cantinela de la semana, "Perdona a tu pueblo Señor..." y que no debería ser el pueblo el que la entonase ni el que pudiera perdón sino esa inconfesable Iglesia Católica que siempre estuvo cerca de los ricos, la que acumula posesiones y grandes fortunas a lo largo de todo el planeta.

Santa Teresa, niños, papás, en fin, cosas del camino

Últimamente son las iglesias mi punto de referencia. En los bares platico con los hombres y en las iglesias con las mujeres. Como se ve en estos pueblos se mantiene la tradición, el reparto de papeles no es muy distinto al que se hacía medio siglo atrás. Abundan, eso sí, los foráneos estos días de vacaciones. Ellos sí se acercan a la paridad de género, una nueva clase social, bastante joven en general, que se hospeda en casas rurales y que come en restaurantes conocidos de la zona y que como complemento necesario llevan también a los hijos a los parques. Padres pendientes de sus hijos, sobre todo pendientes de que no se rompan la crisma subiéndose a algún árbol. Estos pueblos, que son los pueblos de los relatos de Ana Maria Matute y de Miguel Delibes son, sin embargo, incapaces ni por asomo de devolver esa maravillosa infancia que disfrutaban los niños de los pueblos décadas atrás. Hoy ningún padre permitiría que sus hijos marcharan solos a la era, a la dehesa o a cazar ranas en el río más cercano; ningún niño de nuestras progresista sociedad sabe ya lo que es subirse a un árbol y menos hacer una cabaña en sus ramas. Los niños de hoy son un poco niños en conserva, un bien valioso que hay que vigilar y cuidar; quizás muchos padres piensan que sus hijos son algo especiales, la seguridad se ha convertido en un bien tan preciado que hay que tener todo controlado. Acaso piensen que los padres de antaño eran unos irresponsables. Ayer, en Torralba, pase la tarde en un pequeño parque que al final se llenó de niños. Un numeroso grupo jugaba al escondite cuando de repente una mujer relativamente joven se acercó al grupo y con una cierta voz autoritaria, como si estuviera llamando a los empleados de una oficina en la que ella era la jefa, les congregó a todos y lanzó a los niños y niñas, guajes de seis a diez años, un discurso consistente en hacerles comprender que había que ser más justos en el reparto de roles, que el niño X, su hijo naturalmente, llevaba ligándola toda la tarde, que eso no estaba bien. Los niños en silencio la miraban como a una marciana que estuviera inmiscuyéndose en sus juegos.

No me gusta esta clase de niños que salen de padres "tan responsables", aunque en realidad lo que tendría que decir es que los que no me gustan son sus padres. Si yo hubiera tenido unos padres tan pegajosos y posesivos me habría perdido lo mejor de mi infancia, habrían hecho de mí un completo idiota. Hay pocas cosas que ame tanto como los años de mi infancia, esa absoluta libertad de que disfruté desde muy temprano para corretear a mi libre albedrío por la Casa de Campo, por los meandros y las riberas del río Alberche en verano, los tiempos de robar listones de madera en las obras junto a mi casa para hacer arcos y flechas, las trifulcas y los juegos con los niños de mi edad, todo ello constituye lo mejor de los primeros años de mi vida. Quizás por eso gusté tanto los libros de Delibes y Ana Maria Matute; sus relatos de la infancia en los pueblos son un balón de oxígeno ante esta vida de niños que veo reproducirse por todos los rincones, vida, según mi parecer, carente de esa mínima libertad que necesita el ser humano para aprender a valerse por sí mismo. La vida se aprende en el mundo, en la calle, no es posible intentar cambiar esto por unas condiciones de laboratorio. Lo que nosotros con seis, siete u ocho años fabricábamos con nuestras propias manos, un patín, un arco, una cometa, a duras penas llegan a fabricarlo los niños con más edad en nuestras escuelas. Muchas de sus dotes naturales están atrofiadas de la misma manera que se atrofia un brazo inmovilizado durante mucho tiempo.

El camino es un improvisado entarimado para observar la realidad. La peregrina con la que me encontré ayer en Torralba, alardeaba, cuando yo le decía que pasaba mucho rato del camino leyendo, de que ella no se perdía nada, todo lo observaba, en los pueblos todo lo veía, sin embargo me miraba un tanto perpleja cuando yo le contaba que para mí el mejor momento de la jornada eran los instantes que procedían al alba, el silencio, el piar de los primeros pájaros, las constelaciones. Lo que sucede es que las personas que pasamos por los mismos lugares vemos cosas a veces radicalmente distintas, aspectos diferentes de la misma realidad. Hablamos largo y tendido durante la cena mientras nos despachábamos una docena de sardinas entre los dos, pero hablando de las mismas cosas de hecho hablábamos de asuntos muy diferentes. Ambos habíamos viajado bastante y sin embargo no había manera de encontrarse, su conversación me aburría, hablaba atropelladamente de sus experiencias, un turismo responsable, o algo así, lo llamaba. Yo imaginaba un programa de esos completísimo en donde siempre te rodea mogollón de gente y montones de actividades por hacer. Yo por mi parte no concibo un viaje o una larga caminata sin ese espacio personal, reposo, actitud mediante la cual las cosas, lo que ves, lo que sucede entre tú y las personas con las que platicas, se van posando en ti inadvertidamente con la sedosa naturalidad con que las sensaciones y las emociones van sedimentándose sobre la vida llenándola poco a poco de sentido.

Jornada de treinta y tantos kilómetros, jornada de reapariciones de antiguos encuentros que me ayudaron a que se me hiciera sorprendentemente corta la primera parte de mi jornada. Tan volando pasó que eran las once de la mañana cuando me decidí a desayunar; llevaba cinco horas caminando en medio casi de una borrachera. Comprendo perfectamente a Santa Teresa de Jesús cuando decía levitar bajo el efecto de determinadas circunstancias. Me temo que en mi caso el tantra tiene mucho que ver de la misma manera que en Teresa de Ávila era la sublimación de alguna imperiosa energía relacionada con lo que ella entendía por amor.

Cuando me vi tan fuerte pensé en llegar hasta Salmerón, con lo que cumpliría cuarenta y tantos kilómetros, pero llegando a Albendea hacía ya mucho calor, eran las dos de la tarde y el cansancio ya había hecho mella en mí y decidí quedarme. Albendea es un pueblo con un alcalde que vive en Madrid y Gema, la mujer que se ocupa de las cosas del ayuntamiento; ella estaba de parranda en Priego. Me costó hacerme con la llave del centro social. Luego, la madre de Gema, con la que coincidí después también en la iglesia arreglando a una virgen para la procesión de mañana, se convirtió en esa alma que vela por el bienestar de los peregrinos. Hoy volveré a dormir sobre esa gran mesa que suele haber en todas las salas de reuniones. Anoche la madera resultó un poco dura con el solo colchón de mi jersey, pero tampoco supuso mayor inconveniente.

Domingo de Resurrección

Albenda - Viana de Mondéjar, 5 de abril

Entrada ya la mañana, a mis espaldas, mientras me alejo de Salmerón después de desayunar en una tasca, doblan las campanas como si estuvieran convocando a miles de feligreses dispersados por el país entero. La desproporción sonora, un pueblo con apenas un bar y ningún otro negocio a la vista, suena chusca al caminante igual que le suena desproporcionada una iglesia con aspiraciones de catedral para un pueblecito perdido entre los encinares y los cultivos de cebada. El censo total del pueblo no ocuparía un mísero rincón de esta iglesia. Es algo así como destinar el monasterio de El Escorial como vivienda a una familia de cuatro miembros. Es una desproporción que se da en muchos pueblos por los que atravieso.

Una desproporción que se vive más allá también en los gestos, en las emociones que pretende suscitar toda la imaginería religiosa dispersa por la geografía que transito; cristos algo esperpénticos con los ojos desorbitados de alucinado o loco bajo el peso de la cruz; vírgenes con la cara de espanto sobre cuyos rostros resbalan lágrimas como perlas arrasando sus mejillas. Religión del dolor y del espanto a la que no cabe el rubor de esconder la intimidad del dolor como le sucedería a cualquier persona de bien, sino que la exhiben como si de un trofeo se tratara. Además, exhibir el dolor, exhibir lo que estos personajes, vírgenes y cristos "hicieron por la humanidad" me parece tan inmoral como aquel que restriega por las narices de otro un favor vital. Hay muchas cosas que no cuadran en ese propósito que siempre tuvieron los popes por acongojar a su feligresía. Deseos de dolor, pensamientos de muerte, grandiosidad, ocupar el epicentro de las cosas de los hombres... Aquello del Evangelio de que tu mano derecha no sepa lo que hace tu izquierda debería servir para restringir todo este exhibicionismo gestual. La mesura y discreción de la decoración de las mezquitas constituyen un aleccionador ejemplo.

La Semana Santa ha dado un gran salto desde hace tiempo para convertirse en gran parte en folclore, pero sirve todavía para saber dónde hunde esta religión sus raíces. Una religión que enfatiza la vida como un valle de lágrimas en vez de convertirla en gozo debería esfumarse; para dolor ya tenemos bastante con el que viene por sí solo.

Desde Salmerón el camino trepa a una amplia meseta cubierta de encinas denominada Llanos del Corral de los Cochinos, una tierra roja y arcillosa en cuyos caminos hunden sus rodadas los vehículos de labor. Tiempo para la lectura. Llama la atención como Ayn Rand, la autora de mi libro, "santifica" a la mujer relegándola a su papel de objeto de deseo mientras por otra parte trata de concebirla en situación de igualdad. En una sociedad en donde aquélla ocupa el clásico estatus de adorno adecuado para la figura del hombre de prestigio, Ayn Rand construye un personaje femenino fuerte y sólido capaz de estar a la altura del más prestigioso de los empresarios americanos. Su dirección de una gran compañía ferroviaria es totalmente exitosa, sin embargo, cuando llega el momento de entrar en relación íntima con un hombre esta mujer olvida esa parte femenina que tan arduamente ha levantado una gran empresa para volver a adoptar el rol que la sociedad le asigna en la pareja como mujer. El hombre, otro gran empresario, vuelve a ocupar la posición dominante mientras que ella asume el papel de adorada criatura a disposición del amor de su vida. La novela pertenece a los años cincuenta del pasado siglo, un tiempo en que la lucha por la igualdad de la mujer estaba en apogeo. Leyendo este libro en la distancia de más de medio siglo después uno tiene la sensación de que esa lucha de la mujer acaso sí era asumida desde el plano laboral o de las relaciones sociales, pero que en absoluto se asumía todavía como una igualdad dentro de la pareja, donde sigue desempeñando un papel de sumisión y a la vez de adorado ser angelical del que en algún momento se enamorará un hombre. La liberación de la mujer y el desempeño del rol que ésta asume en su condición de ser endiosado por el trastocado deseo de algún hombre presenta una dicotomía todavía difícil de resolver.

Parece mentira que siendo para el caminante los días tan parecidos, lo que hace, los paisajes que atraviesa, sus hábitos, pueda a su vez un día como hoy ser tan diferente. El descansado caminar de esta mañana entre las lomas pobladas de encinas sumido en el rumor permanente de las palabras de un libro como música de arroyo que te acompañará junto al sendero, tiene hoy la facultad de no hacer aflorar mi cansancio después de una trotada de treinta kilómetros. Ni siquiera me digno a mirar la hora o ver los kilómetros que me faltan. Es un

caminar rápido y concentrado que parece no dejará
resquicio para esas minucias del cansancio o la fatiga.
Cuando algo ocupa tu espíritu con fuerza es como si les
cogiera distraídos a los sensores de tu cuerpo que se
ocupan del hambre, la sed o el cansancio. Distraer al
cuerpo con una actividad apasionante y envolvente es
una buena manera de hacerle olvidar otras prioridades
que de seguro te darían la lata en otras circunstancias.

¿Piensas existir sin trabajos mi metas?, le dice un
personaje a un empresario que arroja la toalla
abandonando el negocio ante las dificultades que se
encuentra delante. Estaba ya a la vista de Viana de
Mondéjar y suspendí la lectura en este punto. "¿Piensas
existir sin trabajos mi metas?" Podía ser un buen punto
de reflexión. Subí las últimas cuestas pensando en ello.

Viana de Mondéjar es un pueblo chiquito subido a lo
alto de un cerro. No tiene tienda ni lugar para comer
pero se enorgullece de haber construido recientemente
el mejor albergue que hasta ahora he visitado en esta
Ruta de la Lana.

La gente

Tras dejar atrás Las Tetas de Viana, dos montañas que se pueden ver desde decenas de kilómetros a la redonda, y atravesar un oscuro bosque de encinas ya empiezo a prever la presencia del río Tajo allá en la hondonada. Cuando los primeros rayos del sol llegan a esta tierra tengo delante de mí un espectáculo de rara belleza, una enorme masa de hormigón surge en mitad del paisaje como cabeza de Vulcano con los cabellos al viento. Realmente era una visión sacada de la mitología toda aquella estructura que se elevaba en la llanura y que no era otra cosa que la central nuclear de Trillo.

Más adelante, mientras el sol bañaba las alturas de los escarpes de Trillo el río fue surgiendo de la oscuridad glauca de sus aguas. El sol bañaba bellamente las fachadas de las iglesias y las casas, el río Cifuentes bajaba alborotado en numerosas cascadas entre los chopos. A la salida del pueblo me encuentro con Alberto, animoso caminante al que estaba matando el tabaco y el colesterol y que cambió su vida radicalmente cuando decidió hacer caso a los médicos y darse todos los días unas caminatas de dos o tres horas. Al cabo de un rato topamos con un hombre mayor que está haciendo gimnasia en el camino, se trata de Sebastián, hermano de Alberto, hombre de ochenta años de aspecto saludable que casi me deja atrás con su paso vigoroso.

Durante un buen rato charlamos animadamente los tres, hasta llegar a la desviación de la flecha amarilla, esa que lleva a Santiago. Les hago la foto a la vera del camino. Nos despedimos. A algunos kilómetros de Cifuentes siento pasos a mi lado, me vuelvo y me encuentro con Martín, un hombre de baja estatura que regresa ya de su caminata diaria de veinte kilómetros. Me dice que por la tarde todavía se da algún paseo más además de ir a nadar y hacer una hora de gimnasio. Nadie quiere ir con él, dice porque no hay quien le siga. Compartimos nuestra afición de caminantes solitarios. Me deja en la plaza de Cifuentes. Las once y media de la mañana, demasiado pronto para dar por terminada mi jornada. Hago un desayuno comida y me echo de nuevo al campo, un tramo común con el GR-10 que ya hice hace algunos años, entonces siguiendo por ese camino llegaría a Finisterre. Antes de llegar a Las Inviernas el GR-10 gira hacia poniente mientras yo me dirijo al norte.

Los colores inundan el campo, las nubes adornan arriba volateras y algodonosas el conjunto del

lienzo. Siento como si hoy el camino me hubiera purificado, se me otorgase el derecho de sentirme una parte más de lo que me rodea. Hermoso paisaje agrario donde los verdes y las tierras intensamente ocres recién aradas, acompañadas por las alineaciones de álamos que siguen el curso de los ríos, hoy atravesé el Tajo, el Cifuentes y el Tajuña, parecen puestas ahí para mi recreo estético y para mi cámara.

Esta mañana, a raíz de mis lecturas, estaba en la idea de escribir sobre la gente, ese telón de fondo que la autora de mi novela lamentablemente sólo tiene en cuenta ya sea para ensalzar los logros de sus protagonistas congregándolos a su alrededor resaltando sus éxitos y aplaudiendo sus proyectos llevados a buen fin, ya sea para lo contrario, usando a la gente en general, los trabajadores, los ciudadanos, los lectores de la prensa como ensordecedor coro manejado por las élites de la política o del poder económico. La gente puede ser algo horrible y pecaminoso; en tiempo de Robespierre la gente pudo convertirse en una sanguinaria masa humana dispuesta a llevar a la guillotina a media Francia; en tiempos de la Comuna de París o el alzamiento de Madrid contra Napoleón esa misma gente ejerció el noble papel de liderar la lucha por la libertad de su patria. En nuestra realidad actual cabría decir hasta no hace mucho que la gente en general estaba dormida, que éramos carne de cañón del sistema, así hasta que el 15M despertó a muchos. Bajo ese velo de tedio y conformidad resurgió la indignación y las calles se llenaron de gente dispuesta a hacer valer sus derechos. Pero luego hubo largos silencios y entonces hubo que volver a la idea anterior, la gente, esa que vota masiva mente a aquellos que roban sus principales derechos y deja transcurrir su vida sin intervenir en la vida pública. Sin embargo de entre ese concepto general de lo que sea la gente resucitan pequeñas masas que se oponen a los desahucios, que luchan junto a los enfermos de hepatitis C u otras causas menores. Esta gente, lo mejor y más solidario de la sociedad, resulta que también es gente. Es inconveniente e injusto generalizar, sin embargo cuando vemos cómo tantos cientos de sinvergüenzas amparados bajo el paraguas de la política son elegidos cada cuatro años por "la gente" uno empieza a necesitar culpables reales y no se le ocurre otra cosa que echar la culpa a la gente, a los que votan a los sinvergüenzas.

Hoy yo tuve un incidente con "la gente". Había caminado treinta y un kilómetros desde Viana y había llegado a un pequeño pueblo llamado Las Inviernas. Mi información decía que el Ayuntamiento daba acogida en el centro social a los peregrinos. Entro en el pueblo y pregunto a una mujer mayor que me encuentro y me dice que sí, que tengo que bajar a una plazuela y preguntar en un bar. En el bar pido una tónica y mientras me la tomo pregunto a la señora que atiende por alguna persona responsable del ayuntamiento o quien pueda tener la llave del centro social. Su contestación es que no hay ningún lugar para alojarse en el pueblo, que tengo que ir hasta el pueblo siguiente a trece o catorce kilómetros, que la alcaldesa vive en Guadalajara, que... Voy entendiendo. Salgo a la calle con la tónica en la mano dispuesto a averiguar qué coño pasa y pregunto en la casa de enfrente donde un hombre de mediana edad y un señor mayor están sentados. Se encogen de hombros, se pasan la pelota. Primero nadie sabe el número de teléfono de la alcaldesa, luego salen dos señoras y una le dice a la otra en voz baja que ella no va a dar el número. Cuando ya comprendo que estoy frente a uno de esos males endémicos de algunas zonas rurales, la zafiedad, frente a una pandilla de imbéciles, porque entonces ya hay un corro de seis o siete personas, no tengo más remedio que tratarlos como corresponde; sólo me faltó esbozar una sonrisa y llamarle bruja a la que con su cara de palo parecía más determinada a no sé qué. Escuchaban con la boca abierta sin contestar palabra.

Volví a entrar en el bar, ¿qué clase de gente son ustedes?, pregunté a un grupo de palurdos de esos que uno creía que ya no existían en nuestro país, mala gente zafia y ruin que aceptaba mis sarcasmos sin abrir la boca como estatuas de piedra. En el pueblo pregunté todavía a cuatro o cinco personas más. El último dice no saber el teléfono de la alcaldesa pero vocea desde lo alto a un grupo de hombres que toman el sol si lo saben. No, no saben, no contestan. Esto también es gente. Pienso que nuestro idioma debería tener términos diferentes para referirse a un tipo u otro de gente. Cuando oigo decir la expresión este país de mierda, siempre me produce cierto chirriar de dientes porque la

expresión es absolutamente cierta pero también totalmente falsa. Un país, un pueblo lo constituye, lo define su gente pero también es cierto que podemos identificar a España con los corruptos, con los sinvergüenzas, con los aprovechados o los listillos. Las necesidades de simplificar nuestro modo de hablar pueden ser fatales para definirnos a nosotros mismos como país. Sabemos que en los tiempos de oscuridad y desesperanza uno tiende a generalizar por el lado sombrío, pero luego, cuando, por ejemplo, asiste a una manifestación tan multitudinaria como la convocada por los enfermos de hepatitis C, uno entiende lo mucho de solidaridad que el conjunto de la sociedad encierra entre el público anónimo. Esta mierda de gente que me encontré yo hoy en Las Inviernas no ensombrece ni mucho menos el regalo de hospitalidad y atención que me vengo encontrando cada día desde que salí de Alicante. La excepción hace la regla. Cuando salí del pueblo sacudí el polvo que se hubiera adherido a mis botas en ese lugar y tomé camino adelante. Todavía pararía más adelante a un tractor para conversar con su conductor y comprobar que incluso en un pueblo de mierda puede haber

gente cuerda con la que conversar. El tractorista me había indicado unas parideras en un alto donde podía pasar la noche, pero una vez allí no me convencieron. Paré, eso sí, a descansar un rato.

Después de la negación a proporcionarme alojamiento en el pueblo no me quedaba otra si no quería dormir a la intemperie que cubrir cuarenta kilómetros muy largos en la jornada. Así que me lo tomé con calma. Por el camino llovió un rato, hacia el oeste se avecinaba la tormenta pero fue clemente conmigo, más adelante me encontraría el suelo empapado por la lluvia. Empezaba a atardecer, el horizonte se puso hermosamente fotogénico. Llamé por teléfono a un hostal pero no me gustó el precio. Se me estaba empezando a hacer de noche. Saliendo de Mirabueno me di de narices con uno de esos antiguos lavaderos de los pueblos donde el agua sonaba como un río. Era un sitio muy acogedor. No me lo pensé dos veces. El peregrino hoy dormiría junto al sonido del agua. La tormenta cercana tronaba en el cielo.

Esos personajes fatuos

Mirabueno - Atienza, 7 de abril de 2015

Llovió durante la noche, pero a las ocho de la mañana, fue imposible madrugar, estaba completamente despejado. La arcilla roja del camino se pegaba a las suelas de mis botas. Era un día bonito; abajo, en el llano que llevaba a Mandayona, lucían los prados un suave verde como hecho de escarcha. Me esperaba un día largo, otra vez por encima de los cuarenta kilómetros. Tenía que pasar por tres pueblos pero sólo en el primero, Baides, encontraría tienda o bar. Me aprovisioné para llegar hasta Atienza, cuarenta kilómetros al norte. Desde el bar hablé con el alcalde de Atienza que me ofreció un piso para pasar la noche. Eran las once de la mañana y hasta Atienza debían quedarme unos treinta y cinco kilómetros. Total, un día de caminar y no hacer otra cosa que dejar atrás un kilómetro tras otro. Tan solo me permitiría una parada de media hora para comer.

Los campos y los sembrados discurrirán a mi lado uno tras otro ajenos a mi atención solo alerta para captar colores o texturas especialmente bellas que pudiera cazar con mi cazamariposas, mi sofisticada y pequeña cámara Canon.

En mi novela Ayn Rand había inventado un personaje de esos que logran ponerme nervioso al punto de sentir a cada momento la tentación de saltarme algunas páginas hasta que éste desapareciera, esa clase de seres fatuos que circulan por las alturas del poder político con tal aire de suficiencia que suscitan en uno el deseo de que se produzca un percance tal que haga que la tierra se lo trague. Gente que de solo mirarles a la cara le entran a uno ganas de vomitar. Con un par de ejemplos se comprenderá enseguida la clase de personajes a que me refiero, uno podría ser ese tan Hernando, portavoz en la parlamento del PP, y otro esa cosa que aparece en la Sexta los sábados por la noche, sí, ese mismo, el tal Inda. Ayn Rand tiene que buscar la manera de concentrar el mayor grado de estupidez humana en alguien a modo de cabeza de turco para mostrar al lector cómo un puñado de imbéciles colocados en los puestos de decisión del gobierno de un país pueden llevar a éste a la ruina. La novela esta ambientada en los Estados Unidos de los años cincuenta, pero igual se podía haber inventado un argumento para la situación actual en España donde los sinvergüenzas y los ineptos cometen tropelías no muy diferentes. Me jode montón encontrarme en el cine o en la narrativa con este tipo de individuos, los autores hacen trampa con ellos; saben que cuando fabrican un personaje así es facilísimo a través de él suscitar en el espectador o lector un inmediato deseo de romperles la cabeza.

De cómo el día de un caminante esta hecho de muchos condimentos lo prueba no sólo el camino y los encuentros que se producen, sino también las muchas encrucijadas por las que pasa a través de la jornada. Una de las que se observaban en el viajero hoy según la historia seguía adelante consistía en la convicción de cómo debía resolverse el amor de esos dos deseos de dos hombres por una mujer y el de la misma mujer por los dos hombres. El conflicto estaba planteado, los celos, el deseo de posesión, la moral del momento creaban una tensión en esta relación a tres imposible de encontrar salida si no era con la muerte de uno de los hombres. Hermosas páginas y nobles sentimientos de los tres que la moral cegata y exclusivista de la época convierte en infamia cuando lo que debería resultar era la aceptación por parte de los tres de una realidad innegable, que el amor puede ser posible también en una compleja situación de tres. Observo cómo el lector, yo mismo, empieza a desear que esos dos amores por la misma mujer, ese amor de ella por los dos se haga realidad en nombre precisamente de un amor que alguna vez debería verse libre de todo contagio social posesivo e hipócrita.

A las cuatro de la tarde me refugié a la sombra de una encina. Tumbado comí algo. Estaba desganado pero me obligué a ingerir una suficiente cantidad de comida. Todavía me quedaba mucho camino por delante. Al final de la tarde, tras dejar atrás cerros y más cerros cubiertos de robles todavía desnudos de hojas, al pasar un alto, al fondo, apareció sobre un cerro Atienza. El camino descendía por un plano inclinado lleno de ralas cebadas. Empezaba a hacer frío. Atienza, noble ciudad de piedra

presidiendo el llano castellano, se alzaba frente a aquel mundo como un señor noble que se dirigiera a sus súbditos desde las alturas del cielo.

Vagabundo a pesar de todo

Atienza - Tarancueña, 8 de abril de 2015

Cuando desperté, un rectángulo de sol posaba sobre la pared de mi dormitorio. Me desembaracé de las tres mantas y somnoliento empecé a recoger mis cosas. Doblé las mantas y, como un robot que obedece órdenes programadas en su cerebro, salí a la calle y comencé a caminar por donde creía debía ir mi track. Hacía un frío seco y el viento barría las vetustas calles de Atienza. Pasó un buen rato antes de que mi cuerpo se hiciera al trabajo de caminar. Empecé a sospechar que hoy no era mi día. Tenía por delante treinta y muchos kilómetros de asfalto y adivinaba que mi cuerpo no estaba suficientemente descansado. Así que falto de sueño y con la perspectiva de un largo día de asfalto por delante fui haciéndome a la idea poco a poco.

Después de Miedes de Atienza, uno de tantos pueblos donde no se ve un alma, la carretera se toma el trabajo de subir lentamente en grandes lazos hasta los mil cuatrocientos metros. El viento es muy desagradable, la espalda me duele bastante más de lo acostumbrado y me pide imperiosamente que me eche a un lado de la carretera para tratar de aliviarla un poco tumbado en el suelo. Acaso más adelante, me digo una y otra vez hasta que llego al paso. Ya arriba la novela me distrae del dolor casi hasta el punto de olvidarlo. Estoy en una enorme meseta desolada donde sólo crecen algunos arbustos aislados. A mi derecha, muy lejos se ven altas montañas nevadas, también frente a mí, éstas más bajas. Estoy desorientado, no logro saber de qué montañas se trata, he perdido mi sentido global de la zona que recorro y ahora mismo no sabría situarme en un mapa fuera de las flechas azules que marcan mi itinerario. Las más altas probablemente pertenezcan a la sierra de Guadarrama.

Dagni, la protagonista de mi novela, ha aterrizado en una pequeña avioneta en una extraña tierra que sirve de retiro a laboriosos empresarios y profesionales que, en desacuerdo con una pacata economía del gobierno que está empobreciendo la país, han decidido exiliarse y crear una burbuja en donde reconstruir sus vidas en base a sus propios criterios. Después de descubierto este mundo ahora Dagni se encuentra en la encrucijada de repensar el objeto de su vida. Las largas conversaciones con aquellos que abandonaron "el otro mundo" donde van explicado las razones de su fuga, se pierden en el llano que atravieso, por efecto del viento.

El camino termina descendiendo suavemente sobre Retortillo de Soria, un pueblo y una iglesia del color rojo de la tierra en donde éstos se levantan. No suele haber bares en estos pequeños pueblos pero cuando los hay indefectiblemente llevan el nombre de El Cazador. No me lo esperaba, pero sí, si tienen comida y no sólo eso sino que me ofrecen también una gran variedad de platos. Después de comer tomo el camino de Tarancueña a siete u ocho kilómetros de distancia de allí.

En Tarancueña no ha habido manera de encontrar alojamiento adecuado al gusto algo excéntrico del vagabundo peregrino. El único recurso es un pequeño porche en un lateral de la iglesia azotado por el viento. El cielo se está poniendo chungo. Mientras pienso qué hacer me hago una foto en la puerta de la iglesia, un recuerdo más de los momentos de duda. No estoy a gusto aquí así que una vez más decido ponerme en manos de la providencia y busco el sendero que me lleva a Caracena. Charlo con dos paisanos que tienen ganas de conversación, pero a mí me apremia la posibilidad de mal tiempo. Me indican algunas casas semiabandonadas junto al río Caracena. Después de tantos kilómetros por el asfalto inclemente de la meseta ahora el camino es realmente una bendición. El río canta a mi costado y los álamos, a los que ya les ha empezado a salir una verde y tierna pelusilla, acompañan a las aguas por un valle donde alborotan los pájaros y cantan las ranas.

En una ladera, tras una revuelta del río veo una casa con aspecto de llevar abandonada mucho tiempo. Un letrero de se vende está clavado junto a la valla que rodea la casa. Doy la vuelta al cercado buscando un paso. Todo está cerrado a cal y canto. Echo una ojeada a un par de cobertizos. Nada. Entonces, entre la casa y los cobertizos descubro algo más peligroso que una jauría de perros. Se trata de una larga fila de colmenas. Aquí terminaron mis búsquedas; pies para qué os quiero. A esta hora ya me arrepiento con mucho de no haberme traído el colchón de aire y la tienda. Habría decenas de sitios para pasar la noche. El cielo está encapotado y el viento ulula en las ramas de los árboles conminándome a que me espabile. Diez minutos más tarde me tropiezo con otras casas. Chirría la puerta de la primera, se resiste pero termina por abrirse; un suelo diáfano con algo de hierba por aquí y por allá. Ya tengo sitio para pasar la noche, pero me pica la curiosidad, la posibilidad de que en otro sitio surja milagrosamente un colchón. En la segunda no hay colchón, está toda llena de leña pero será fácil hacerme un hueco. La razón que hace que me decida a quedarme allí es casi poética, un lugar pequeño y sobre todo unos tocones que me van a servir de mesillas de noche. A última hora se ha calmado el viento y es agradable escribir a la puerta de la cabaña hasta que comienza a lloviznar.

En la cabaña alguien acumuló leña para muchos inviernos por venir sin contar con que la vida se le escaparía de las manos mucho antes de que tuviera tiempo de calentarse los huesos con ella. Como tantas cosas, la leña como esos pájaros de Juan Ramón Jiménez (y yo me iré y se quedarán los pájaros cantando) quedará aquí como testigo de ese despiste vital con que nos movemos a veces a través de la existencia.

Esta tarde me siento más vagabundo que otra cosa, si me hubiera buscado una casa rural que había no sé dónde para pasar la noche, me habría sentido tan incómodo como vestido de frac. Cada cual tiene su naturaleza y la mía parece estar determinada por la compañía de los vientos, los pájaros o el rumor de los arroyos.

La desolación de la meseta soriana

Tarancueña - Olmillos, 9 de abril de 2015

Todo estaba como boca de lobo cuando sonó el despertador. Me costó poner en movimiento mi cuerpo dolorido. El río sonaba cerca intemporal y monótono. Tuve que buscar en la oscuridad la pequeña senda que recorría el valle. La luna, un resto de ella, aparecía entre las nubes bañando de una lechosa y turbia claridad la ladera. Tengo la sensación de estar fuera de lugar a esta hora. No son horas para hacer pequeñas trepadas entre las rocas o cruzar numerosas veces el río Caracena sobre inestables rocas. Avanzada la hora el cañón, de piedra rosada y atrevidas paredes levantadas al pie de los álamos, describe amplias curvas donde se encajona el río. Cuando atravieso un túnel de roca después de una hora, la claridad de la mañana ya ha bajado a los rincones del cañón. En lo alto aparece la silueta de una ermita.

Nada más alcanzar el pueblo mi camino desemboca en la plaza. Toda una sorpresa la rústica belleza de la plaza bañada a esa hora por la difusa luz del amanecer. Hay una soledad absoluta en sus calles que acentúa la sobriedad de las fachadas y el color de las piedras adornadas con los troncos desnudos de las parras.

El mundo está deshabitado esta mañana, Atravieso tres pueblos sin tropezarme con nadie. Decrépitos pueblos alejados de la mano de Dios. Entrando en

Fresno de Caracena me sorprende la suciedad, los contenedores rebosantes, la basura por los suelos en cien metros a la redonda sugieren que la última vez que pasaron por allí a recoger la basura está muy lejana en el tiempo. Ni agua puedo encontrar, ni una miserable fuente, nadie a quien pedir que me llene la cantimplora. Un pueblo más allá, junto a un porche en el que hay un automóvil voceo repetidamente con la intención de conseguir agua. Nada. Un mastín ladra lánguidamente como quien tiene que hacer un gran esfuerzo para cumplir una tarea sencilla. Inspecciono el lugar a la búsqueda de un grifo que no tardo en descubrir. Lleno mi cantimplora, la guardo y sigo carretera adelante. Las diez y media de la mañana, llevo cuatro horas caminando y a mi espalda le ha subido un dolor que se acentúa más y más y me pide tirarme sobre el suelo un rato para aliviarlo. Más adelante hay una ermita a la vera del camino. Tumbado junto a su puerta intento no tener en cuenta mi falta de apetito y, despacio, despacio, mientras el dolor de espalda se alivia algo voy dando cuenta de mis provisiones.

Cuando más adelante mi camino deja el asfalto, se adentra por páramos inhóspitos donde sólo crecen algunas matas. Desolación perfecta. Leo de mala gana. Comienza a llover. La rutina de sacar el equipo de agua, primero los pantalones que ofrecen resistencia a dejar pasar las botas, después cubrir el macuto, visto un liviano chubasquero y sobre todo ello pongo la capa de agua. Sí, un poco aparatoso, pero es la única manera de que no se me llegue a mojar el chaleco, quiero mi equipo intacto cuando llegue a donde sea. Hacía mucho tiempo que no me dolía la espalda de esta manera. En

Inés la desolación es total pero llego a ver a un paisano que se mete en una casa y voy directamente a ella. Si quiero tomar algo en el bar, sólo bebidas, tengo que llamar a determinada casa para que me abran. Pasaré un buen rato en agradable charla con la dueña mientras me tomo un par de tónicas. No creo que encuentres nada en Olmillos, me dice.

Hablo con Victoria mientras salgo del pueblo. Las preparaciones de nuestro viaje alrededor del mundo ya están en marcha. Vamos a empezar por Cerdeña que no conocemos. Ha sacado cinco o seis conexiones aéreas que terminan en la isla de Creta, en Grecia. Dedicaremos un mes a Italia y Grecia, después volaremos a Chipre y un ferry nos dejará en la costa más oriental de Turquía. Perfecto, en Ryanair ha conseguido precios para estos vuelos que van desde los veinte euros a los treinta y tantos. Si los comparamos con el precio que tiene un ferry entre Barcelona y Roma, alrededor de cuatrocientos o quinientos euros la última vez que lo consulté, el precio de los vuelos es regalado. Esperemos no encontrar ningún piloto de avión zumbado. Hay que ahorrar, será un viaje largo.

La entrada en Olmillos es de película, largas y solitarias calles como esperando a Gary Cooper ante el peligro inminente. Voy hasta el final del pueblo, nadie. Cuando vuelvo sobre mis pasos veo a lo lejos a una mujer. La llamo antes de que desaparezca en la nada. Habla de fulanito y menganito y termina llamando a la puerta del número cincuenta y seis de la calle Mayor, la casa de Constantino y su mujer, los samaritanos que me han tocado en suerte hoy. Todo cerrado, un pequeño bar también, pero él tiene la llave del local social, un piso sobre el bar. Les cuento mi vida, que apenas me quedan provisiones. Estoy tan cansado que los seis kilómetros que me separan de San Esteban de Gormaz me parecen una enormidad. Mientras Constantino sube conmigo al centro social su mujer me prepara algo para comer. Cuando la veo aparecer con la bolsa que trae casi me da algo, frutas de todo tipo, una lata de mejillones, un buen trozo de chorizo de pueblo, dos tortillas y un gran termo con leche caliente. No encuentro manera de que acepten algún dinero. Todavía me dicen que a la cena me suben algo. No, por favor. El otro día hablaba de la gente, la zafia y desconfiada y esta otra que son un regalo de la naturaleza, de lo mejor que tenemos los humanos.

Aparte de un par de vasos de leche fui incapaz de comer nada. Tan cansado estaba. No logré adivinar la razón de mi cansancio, probablemente tenía que ver con una alimentación poco adecuada, o acaso que mi cuerpo necesita más sueño. Preparé mi colchón, un jersey, puse las botas de almohada, me metí en el saco y quedé profundamente dormido. Dos horas y media después tuve que hacer un trabajo extraordinario para levantarme, comer algo y dedicarme la hora y media que me quedaba a escribir mi crónica. Espero que mañana mi cuerpo se levante más descansado.

Mi cuñada y los guerrilleros de Podemos

Olmillos - Madrid, 10 de abril

Cuando salí al frío de la noche en las desoladas calles de Olmillos no habría podido imaginar que sería mi último día de caminar por la Ruta de la Lana. El día anterior había perdido un guante y la temperatura fuera era de rigurosos invierno.

Es la tierra de Soria árida y fría

La luz naranja de la plazuca iluminaba fantasmalmente las fachadas. Crucé la calle hasta la puerta de Constantino, deposité la llave del centro social en su buzón y eché a caminar hacia las afueras del pueblo, una estrecha carretera de asfalto que se perdía en la absoluta oscuridad una vez abandonada la última farola. Tras ella no existía más que la nada. Algo se asomó la luna media hora más adelante:

Soria, ¡tan bella! bajo la luna!

Antes del amanecer ya empecé a oír el rumor del río a mi derecha. ¿Qué río será?, me dije. Pero no tardé mucho en recordar los versos de Machado:

Colinas plateadas,
grises alcores, cárdenas roquedas
por donde traza el Duero
su curva de ballesta

El río corría rumoroso entre dos hileras de álamos,

Álamos del río,
conmigo vais
mi corazón os lleva.

Llevo días en que a todo a mi alrededor suena a Machado. No creo que nadie haya retratado mejor nunca una tierra como lo hizo Machado en sus Campos de Soria, versos escuetos, adustos, plenos del vigor de su historia y la soledad de sus campos.

No había dormido bien esta noche, el dolor de espalda con el que me había acostado no había desaparecido durante las horas de sueño, pasé la noche cambiando de posición sobre el duro suelo. Me veía por delante un día duro, mi cuerpo trabajaba de modo anómalo, como si lo hubieran echado a la calle de una patada en el culo cuando lo que él necesitaba era dormir a pierna suelta un montón de horas más sobre un mullido colchón. Amaneció además sórdido y gris, no había nada de poético en caminar esta mañana a la vera del amanecer en compañía del río. Cuando el cuerpo no va todo se hace trabajoso y pesado. Hasta las calles de San Esteban de Gormaz aparecían desangeladas y tristes. No encontré un solo bar abierto en mi camino y hube de alejarme de allí como huérfano que hubiera esperado un calor y no encuentra otra cosa que las puertas cerradas, la soledad de las calles.

El resto fue aguantar y tumbarme un par de veces junto al camino para tratar de aliviar mi espalda. Hoy curiosamente mi cuerpo me pedía fruta, algo raro en mí que postergo hasta que no hay más remedio que equilibrar la dieta. Comí el par de naranjas y la manzana que me había puesto la mujer de Constantino tumbado junto a un raquítico pinar y luego continué mi camino. Sólo encontré a un hombre en el primer pueblo, no, había bar pero sólo lo abrían un rato por la tarde, contestó a una pregunta mía. Caminando entre Matanza de Soria y Villálvaro empecé a comprender la inutilidad de seguir practicando un deporte que consistía en caminar y caminar hecho unos zorros. No era una cosa divertida. Entrando en Villálvaro pregunté, no tampoco había bar ni tienda. ¿Y un autobús que pase por el pueblo?, adelanté ya inclinado a dejar la continuación de mi aventura para otro momento. No, no hay autobuses. Probablemente la desolación de estos pueblos es mayor ahora que en los tiempos del poeta, pueblos que se van quedando vacíos y en donde sólo quedan unos pocos viejos que se niega a terminar sus días lejos de donde vivieron siempre, como oiría después a una señora en la estación de autobuses hablando de una anciana de noventa y dos años que vivía prácticamente sola en el pueblo y que se negaba a abandonarlo a su edad. No me quedaba otra opción que andar veinte kilómetros en dirección norte hasta Quintanarraya donde encontraría un albergue y seguir así arrastrando mi espalda por los caminos o volverme a casa.

Al poco oí el motor de un coche que se acercaba. Levanté el brazo, alcé el dedo pulgar y el coche milagrosamente paró. Quince minutos más tarde estaba en la estación de autobuses de San Esteban de Gormaz. Había un autobús que salía en dos horas y media para Madrid.

En San Esteban de Gormaz, mientras me tomo alguna cosa en un bar, echo una ojeada al correo y al Facebook y descubro enseguida una pequeña joya en forma de comentario a uno de mis post. Esta es la perla de comentario que me encontré: "os pegais una vida padre que por supuesto os la mereceis y luego apoyais a guerrilleros como podemos no entiendo nada cierto soy vuestra cunada luisa". ¿Qué os parece? Seguro que sin conocer a la persona en cuestión ya os hacéis una idea de ella y conoceréis qué tipo de televisiones ve. Este país va a ser muy difícil que vaya a salir adelante mientras encontremos gente que se traga sin masticar todo lo que le dicen a través de la caja tonta.

La demostración de cómo la derecha se apoya en la ignorancia más recalcitrante para anatemizar a Podemos me ha caído esta vez de un precipitado comentario de una cuñada que considera a este partido como guerrilleros en toda regla, un calificativo que yo admitiría en el justo sentido de quien quiere cambiar drásticamente el mundo pero que, puesto en palabras de ella, es una auténtica demostración de cómo se ceba el PP haciendo uso de la televisión de todos en su provecho, el PP y todos los que quieren seguir mangoneando España. Cuando alguien desde su mentalidad infantil, en donde no hay asomo de haber utilizado su propia cabeza para emitir una opinión, se despacha con una afirmación similar ha tenido que llover mucho en forma de telebasura sobre su cerebro para llegar a tan lúcida conclusión.

El amigo Santiago Pino hacía días atrás un comentario en mi blog a mi paso por Las Inviernas, un pueblo primitivo en que me tropecé con vecinos como salidos de las cavernas de la Edad de Piedra, relacionándolo con que seguro que verían en Podemos el mal de todos los males; algo como para espantar a cualquiera, pero que no sólo se da en los pueblos.

Hombre, no se trata de poner de rosas a todo lo que se haga o diga en Podemos, la perfección no es de este mundo, pero de ahí a no saber distinguir una mediana buena voluntad de cambiar un país, actualmente en manos de sinvergüenzas y aprovechados, en algo un tanto más honesto va un largo trecho.

En mitad de viaje de vuelta en el autobús pude comprobar que mi cuerpo no estaba en el mejor momento, llegué mareado y amodorrado a la Avenida de América donde Quique y Lucía pasaron a recogerme. Después de mi ducha me repuse algo y pasamos una agradable tarde de conversación mientras mi espalda descansaba sobre el sofá. ¡Quien sabe cuando volveré a retomar mi camino a Santiago!

De nuevo en camino

Un placer volver a encontrar al principio de otro recorrido santiaguino, esta vez en el tramo final de la Ruta de la Lana, la acostumbrada hospitalidad de esta acogedora comunidad que atiende a los peregrinos siempre con tan exquisito mimo. Llego a Quintanarraya, un pueblito de apenas algo más de un centenar de habitantes y la primera persona que veo, una mujer de edad, bajita y de aspecto bondadoso, resulta ser la encargada del albergue. Está al tanto por Ambrosio, el alcalde de la localidad con el que hablé ayer tarde por teléfono. Tiene usted suerte, me dice nada más verme con el macuto a la espalda y sin que yo no hubiera abierto la boca nada más que para decir buenas tardes, va a estrenar albergue. Admirable, un pueblo con ciento treinta habitantes que en el momento en que un antiguo albergue no reunió las condiciones de confort suficientes, transforma con el presupuesto municipal la vieja escuela en un nuevo y acogedor lugar donde descansar de las fatigas del camino.

Después de que doña Luisa me hubiera enseñado las instalaciones del albergue y de haberle ayudado a instalar la cortina de la ducha que yo habría de estrenar, salgo a darme un paseo por el pueblo. El sol está a un palmo del horizonte y la luz ámbar de la tarde pinta de caramelo las fachadas. Las calles están desiertas. Un grupo de muchachos con los que me cruzo saludan efusivamente al caminante. Frente al local social, el bar para los vecinos, la iglesia forma un armonioso conjunto, sus sillares de piedra clara recogen la cálida luz del final del día. Más allá, en la calle principal, un mural muestra estampas campesinas de otra época. Me paro frente a una parra más allá de la cual, en una ventana, un vecino celebra la llegada del niño Jesús y, cumplido mi paseo turístico, termino sentándome al sol junto a la fachada del albergue con mi novela de turno en el oído, *El gran El gran Meaulnes*, de Alain-Fournier. Sí, un servidor es un bicho curioso, lee con el oído. Últimamente he encontrado una app que alivia mis ojos cansados y lee con una rotunda y bella voz masculina todo lo que le pongo entre las manos.

El placer de la lectura deviene también un placer físico, cerrar los ojo y dejar que el sol bañe el rostro mientras Agustín Meaulnes sueña con su enamorada perdida en un castillo de sueño que trata de localizar con vanos esfuerzos, es un regalo para el final de un día de viaje. Pero el sol se va, oculto por el tejado de una casa próxima, y entonces tomo mi silla de resina y me alejo hacia las afueras del pueblo a buscar su compañía hasta el último momento. Repantigado al sol las sensaciones se arremolinan invitando a la somnolencia. Agustín Meaulnes termina perdiéndose en la morbidez de mi sueño. Cuando me despierto, hace frío, el sol se ha ocultado y no me queda más remedio que refugiarme en el albergue.

Después de indagar por aquí y por allí descubro en un pequeño cuchitril una caldera de gasóleo que no tardo en poner en funcionamiento. Media hora después ya es como si estuviera en el confortable calor de mi cabaña.

En el bar el hijo de la señora Luisa, José, parece estar esperándome. La única propuesta para la cena es un bocadillo y una naranja. Bueno, menos da una piedra, me digo. Dos mesas de la sala del local social están ocupadas por los consabidos jugadores de cartas; en ellas un vejete no se resigna a perder y suelta cada dos por tres un exabrupto. Los me cago en la leche saltan por encima de las cartas salpicando la tarde con interjecciones cada vez que los palos no son del gusto del vejete. Por lo demás el buen humor y las bromas ganan. A la tele no le hace caso nadie.

Tras una amigable conversación con José, que me cuenta sus peripecias laborales por razón de la crisis, tuvo que venir se aquí, el pueblo de sus padres, cuando perdió el empleo en Alcorcón, me despido de la concurrencia. El albergue está calentito y acogedor. No voy a buscar visitar el saco de dormir esta noche, lo que me ahorrará tener que rehacer el macuto por la mañana. Las diez, hora de irse a la cama. Mi despertador sonará como de costumbre a las seis de la mañana.

Santo Domingo de Silos

El claustro, los capiteles, la sencilla arquitectura del Monasterio de Silos, añaden poco a la jornada de hoy. No son para el peregrino estas visitas guiadas. Cada vez soporto menos esta clase de turismo. Soy egoísta, querría el monasterio para mí solo, un claustro donde el ruido del agua de la fuente fuera la música que alimentara mi soledad y mi cansancio de hoy. Me aburre la perorata plana del guía, me alejo buscando entre los capiteles algún motivo de mi interés. El añoso ciprés que preside el lugar parece un viejo personaje que soportara mal este siglo de turistas. Desde su señorial estiramiento el ciprés mira la escena con la condescendencia de quien ha vivido mucho y se ve obligado a convivir con las banalidades de nuestro siglo. Adusto, severo, nos mira desde arriba indiferente con la arrogancia cazurra de los que se sienten por encima de los afanes de este mundo.

Es la hora del paseo de lo monjes y me dicen que tendré que esperar una o dos horas. Me pasa por la cabeza ir a hospedarme en el hotel de la plaza, pero la encargada termina convenciéndome, que visite mientras tanto la farmacia del monasterio que es muy interesante, que puedo esperar en una habitación que está caldeada... Me siento en un incómodo sillón de cuero de otro siglo, saco el teléfono, escribo.

Esta mañana nada más salir del albergue ya me recibieron los perros. Parecía estar en la esquina encogido de frío esperando a que saliera para venir a enseñarme los dientes. Un perro callejero negro, un paria abandonado que me persigue por las calles durante un buen rato. A las afueras del pueblo había una docena de ellos cuidando una nave. Enciendo la linterna y en la oscuridad un puñado de ojos brillantes se abalanzan contra la valla ladrando aparatosamente. Siempre cabe la posibilidad de que alguno ande suelto o encuentre un agujero en la valla para venir a espantar al caminante. Es el único asunto desagradable que puntualmente viene a visitarme en las madrugadas. Ya me costó muchas veces defenderme a pedradas y bastón, años ha, de algún mastín suelto.

La noche es de negro mate, mi negación a encender la linterna me obliga a hacer un gran esfuerzo para situar los límites del sendero. En algún momento, tan oscuro está, mi teléfono se pone a chillar: "fuera de la ruta, fuera de la ruta", repite insistentemente como un loro. Lo enciendo; efectivamente, me he pasado la desviación correcta. Me veo obligado a retroceder y pasar de nuevo frente a una jauría perruna que había sobrepasado con alivio. Vuelvo a encontrarme con uno de esos cielos que considero como entrañables amigos de esta hora de excepción.

Hoy hay otro compañero de excepción, el frío. Durante la primera hora el frío era soportable, pero cuando empezó a amanecer, con los dedos como palos pese a unos guantes bastante consistentes me veo obligado a sacar del macuto una braga con que protegerme boca, nariz y cuello. No me desharía de aquella impedimenta hasta las once de la mañana, ya con el sol inundando el pinar en el que me paré a desayunar. Di cuenta de una tortilla con tomate y un litro de leche. Después me tumbé al sol intentando dar alivio a mi espalda.

A esta hora ya es grato caminar. Cuando termino la novela de Alain-Fournier, busco la compañía de la música y encuentro un tema muy apropiado para la siguiente hora de caminata por la cuneta de la carretera; se trata de Harold en Italia, uno de esos temas recurrentes a los que uno parece estar abonado. Hoy me parece una partitura destinada a reproducir una divertida caminata donde la viola hace cabriolas constantemente en torno a ka melodía principal. Un tipo de música para la que Berlioz según la Wikipedia, se inspiró en los Pifferari, un grupo de músicos populares que tocaban gaitas y una especie de oboe y que en Navidad bajaban de las montañas para tocar delante de las estatuas de la virgen llevando grandes capas de tela y sombreros puntiagudos de bandido.

Los veinticinco kilómetros de la etapa atraviesan extensos bosques de pinares, dejan atrás algunas escarpadas colinas de caliza y terminan discurriendo por un bonito sabinar que no abandona ya hasta las mismas puertas del Monasterio de Silos. Mientras tanto el sol ha humanizado la mañana. Durante la comida en el restaurante de la plaza me enteraría de que el termómetro había rozado los diez bajo cero durante la madrugada.

Las seis y media. Ha anochecido y de momento no hay rastro de los monjes. Me dicen que dejan el aviso de que hay un peregrino al monje encargado, que después de Vísperas le encontraré en la iglesia. Así que me refugio en la iglesia con la intención de oír cantar a los monjes. Hago tiempo, aprecio la semipenumbra de la iglesia, me siento en uno de los bancos laterales. Una decena de feligreses rezan en la oscuridad, sólo veo sus siluetas.

Una situación peculiar. Hace cerca de cuarenta años que no asisto a una función religiosa católica. Las campanas han empezado a repicar. Tengo la sensación de haber retrocedido medio siglo en el tiempo, quizás más. Uno sabe que la gente reza en las iglesias y que asiste a misa pero no le cuadra, siente como si estas cosas hubieran desaparecido definitivamente hace siglos. Después de viajar por Oriente durante un año y asistir a diario a ritos en mezquitas y templos terminas afianzándote en que todo ello son rastros de una civilización, una cultura que como los dinosaurios u otros animales que desaparecieron en el pasado, tienen los días contados.

A las seis en punto se encienden las luces y comienza la ceremonia. La iglesia está razonablemente concurrida. El órgano, las voces de los monjes, una talla de un Crucificado que preside el templo, el silencio reverente de los feligreses crean un ambiente de recogimiento que estimula sensaciones que me recuerdan aquellas otras durante la Semana Santa de mi infancia.

Al terminar la ceremonia el padre Alfredo me acompaña al albergue, un espacio acogedor y luminoso en la calle principal. Yo también rezo por los no creyentes, me dice sonriente a modo de despedida.

Marichu se me aparece al filo del alba

Mecerreyes, 30 de diciembre de 2016

De la guisa que veis en la fotografía me echaba yo a la calle al final de la noche de hoy. Después de los diez grados bajo cero de la madrugada anterior había recurrido al grueso de la impedimenta. Tan aparatosamente equipado me veía que no resistí la tentación de hacerme un autorretrato frente al espejo del albergue antes de enfrentarme al frío de la noche. Bueno, en realidad no era para tanto, hacía frío, pero era soportable. La noche era negra pero no tanto como ayer, llegaba a ver los límites del camino perfectamente. Además me había puesto el chaleco encima del plumífero y ello me daba más movilidad para consultar a menudo el gps del teléfono o sacar la cámara fotográfica. No quería que aquél me empezará a chillar el consabido "fuera de la ruta" que salta cada vez que equivoco mi camino. El chaleco es la prenda más útil que he adoptado en los últimos años. Todo está a mano en él; sí, igualito que en el cuerpo pequeño de aquella antigua novia que terminó esfumándose en los laberintos de un nefasto mes de noviembre. Parezco un fantasma en la noche. No sé si lo he contado ya, pero por tal me tomaron en cierta madrugada todavía oscura. Hacía la Ruta de la Plata y había sobrepasado una finca donde media docena de perros armaban un follón de mucho cuidado, al punto que estando al final de la valla vi que se habían encendido varias luces en la casa. No le di importancia y seguí camino arriba en la oscuridad. Había andado doscientos o trescientos metros cuando a mi derecha oí un ruido de ramas que se movían y unos pasos precipitados. Joder, el corazón me dio un salto. No veía ni pijo, encendí precipitadamente la linterna y ¿qué me encontré? Unos metros más allá de la senda un individuo enfundado en un pasamontañas me hacía frente sosteniendo cruzada sobre el pecho una escopeta de caza. No, no estaba cazando jabalíes en la oscuridad, estaba acechando a un sospechoso ladrón de caballos, yo en persona, un pobre y pacífico peregrino camino de Santiago. No tardó en caerse del guindo aquel paisano cuando me vio la pinta y sus ojos tropezaron con la concha que la amable guardesa de un albergue anterior había colgado en un lateral de mi macuto. El paisano se disculpó, pero el susto que me había pegado no me lo quitó nadie. Me explicó que el vecino de los perros le había telefoneado alertándole sobre un posible ladrón de caballos. Meses atrás en los alrededores habían robado varios. Un encuentro no muy diferente, éste más farragoso, había tenido muchos años atrás en un prado cercano al Pingarrón, en Guadarrama. Había programado entonces una excursión a la sierra con mis alumnos de octavo de EGB y después de una larga velada charlando y cantando bajo las estrellas, nos habíamos metido en la tienda. Allí, alumbrados por una linterna en medio de un corrillo de chicas y chicos andábamos contando historias de miedo cuando de repente un movimiento precipitado de botas a nuestro alrededor hizo que contuviéramos el aliento. Unos segundos más y de repente vimos aparecer por la puerta de la tienda la punta de un fusil y el rostro embozado de un policía. A los que conocéis Guadarrama os sonará esto a fantasía literaria. No, en absoluto. Mientras respondía a las preguntas del poli, uno de esos de cuerpos especiales, y comprobaba mi identidad, otro policía sostenía su rifle apuntando hacia la tienda. Era la una de la madrugada; qué sé yo lo que buscarían, gente de ETA o algo parecido. Y ya que estamos en éstas y aunque el asunto esté lejos en el espacio de esta madrugada en tierras burgalesas, voy a contar otra historia por el estilo. Ésta, una que tiene que ver nada más y nada menos con el Frente Polisario. Viajábamos una tarde la familia rumbo al Sahara argelino y en la frontera marroquí el paso estaba cerrado hasta que terminara la hora del Ramadán. Total, que se nos hizo de noche. Cuando nos dieron paso el campo estaba como boca de lobo. Alumbrándonos con las escasas luces de nuestro R4 familiar, unos kilómetros más allá de la frontera nos introdujimos por unas rodadas que se internaban en un bosque de pinos y arbustos. Estábamos de excelente buen humor y cuando encontramos un claro el cuerpo nos pidió música y con los dos mellizos en los brazos, Mario y Lucía habían cumplido recientemente un año, y formando un círculo y dando la mano a Guille, tres años tenía, comenzamos a bailar alegres como si estuviéramos en las fiestas de un pueblo. Llevábamos con nuestra fiesta un rato cuando de repente se produjo un aparatoso movimiento de ramas y en un plis plas nos vimos rodeados por un puñado de soldados fusil en ristre vestidos con el camuflaje propio de las películas bélicas del sureste asiático. Joder, y lo más jodido es que aquello no era una peli, aquello iba en serio; el Frente Polisario había operado recientemente en la zona y aquello era un polvorín. No tardaron en aclararse las cosas, hicimos alarde de que previamente habíamos consultado con la embajada marroquí en Madrid de la posibilidad de acampar en el país y no habían puesto ninguna pega. Estaba claro, dos bebés, un niño de tres años y una pareja de locos viajeros que quería cruzar parte del Sahara con un cuatro latas no era gente peligrosa. Nos indicaron amablemente que no acampáramos a menos de veinte o treinta kilómetros de allí y nos despidieron con cordialidad.

Alguno dirá, joder con éste, vaya crónica de un día de camino por la Ruta de la Lana. Cierto, pero ya sabéis que esto no es una guía, esto es un puro trámite para pasar un rato, así que prepararos porque hoy las cosas van a seguir el decurso de la asociación de ideas y recuerdos. Me dice Francisco Sánchez que le alegro el día mientras desayuna leyendo estos post. Rediez, gracias. Sigamos, pues.

Bueno, os podéis imaginar que cuando uno camina solo tantas horas, y más a estas horas de la noche que preceden al alba, la cantidad de cosas que le pueden pasar por el magín pueden ser infinitas, tanto puede pensar en la muerte, los recuerdos, reflexionar sobre los asuntos de Podemos como agarrarse a cualquier pensamiento bonito que le sorprenda. Fue esto último lo que sucedió. Había empezado a aclarar un poco y a través de mi embozo invernal miraba el campo escarchado, la tiritona de las ramas de los árboles, un puente romano a la izquierda del camino bajo cuyo puente cantaban las aguas de un arroyo, cuando sucedió que me acordé de Marichu, quizás porque mi camino después de Reyes pasará por Oviedo; mi amiga Marichu, moza asturiana de armas tomar y bellísimos ojos verdes con quien tropecé, oh, divina ilusión, cantaba el poeta, un invierno haciendo el Camino Norte de Santiago, y con quien tan buenas y tiernas migas hice que cuando la abandoné, después de dos días de marcha camino de San Sebastián, mi corazón entró en crisis al borde no de un ataque de nervios sino de una añoranza que no logré despegar de mi pensamiento en muchas semanas. Marichu se había convertido en una Dulcinea que acompañaba mi soledad y a cuyo cuerpo me agarraba cada noche como a un osito de peluche con el que quisiera agasajar mi soledad y curar mi enfermizo deseo de mujer. Pues eso, que me acordé de Marichu y recordándola y recordándonos se me fue calentando el cuerpo al punto de olvidarme del frío, de la escarcha, de mi oficio de peregrino, de... Sí, tras un cuarto de hora con este sufrimiento encima en que ya no era capaz de ver el suelo que pisaba porque todo mi pensamiento estaba puesto en Marichu, no tuve otra que hacer una larguísima parada técnica.

Hsuxiwnbejudndnwuisjzrfchhbhvfddfhbjiygghjjj... hsywbdtgwiwbftwjdueje... ¡unwhdwv!

Sigamos. Ahora, sosegado, con el gustillo que deja en el cuerpo los bonitos encuentros, subía despacio un puerto, abrazado ahora por un delicioso sol que pronto me permitiría desembarazarme del plumífero, del gorro, la braga, los guantes. Era la hora de la lectura. Belén Gopegui, La conquista del aire, un trabajo de análisis de hasta dónde nuestra relación con el dinero puede llegar a robarnos la tranquilidad. Montaigne afirmaba que tener mucho dinero no solucionaba ningún problema, que lo único que sucedía era que el sujeto en cuestión cambiaba de problemas, sólo eso, con el agravante de que los nuevos problemas solían ser más penosos.

Desayuno al sol, los músculos de las piernas tensos por la falta de entrenamiento, risueños paisajes poblados por pinares y, al final del camino, un bonito pueblo, Mecerreyes con un albergue recién estrenado, confortable, helado al entrar pero pronto en condiciones después de poner la calefacción. Hoy hasta me pude echar una larga siesta en un sofá mientras la caldera ronroneaba en un cuarto lejano.

Fin de la Ruta de la Lana

Burgos – Madrid, 31 de diciembre de 2016

Viajo confortablemente instalado en un autobús que me devuelve a Madrid. Miraba distraídamente el paisaje cuando sonó un whatsapp. Era de Marichu, que me felicitaba el nuevo año desde Oviedo. Nostalgia, nostalgia del pasado, nostalgia de la gente bonita, de la buena gente con la que uno se va cruzando en la vida, y que desaparece, y que vuelves a encontrar en algún recodo del camino.

La gente y la tierra que habitamos.

Sí, bello país el nuestro también. Pasamos frente a una ermita románica, más adelante la sierra del Pico del Lobo aparece suavemente enharinada y con un sol liviano sobre sus cumbres; el campo muestra los restos de la escarcha matinal. Bello país el nuestro, sí. Tenemos que cuidarlo, mimarlo, es la tierra en la que nos ha tocado vivir, pero además es tan, tan hermosa... Los musulmanes van una vez en su vida a la Meca, nosotros deberíamos tener la oportunidad de recorrer una parte grande de España a pie para aprender a amar esta tierra, sus paisajes, su historia, su iglesias y ermitas, sus gentes. Estamos tan emponzoñados con la zafia modernidad que nos cuesta descubrir en la realidad que nos rodea el tesoro que ésta alberga. Caminarla, amarla; pero por favor, ligeros de equipaje, no abrigados en el turismo multitudinario que impide la contemplación y el gozo. El sol acaricia las colinas, los álamos del río, álamos del río, conmigo vais, mi corazón os lleva, una calina azul se refugia a los pies de la Pedriza, el cielo se viste de malva.

El nuevo teléfono que uso, un Xiaomi, me había admirado hasta ahora por la velocidad con que trabajaba el gps. Lo encendía al salir del albergue y en unos pocos segundo ya tenía fijada la posición. Sin embargo esta mañana debía de tener los mecanismos un poco atorados; tampoco funcionaba bien la aplicación que uso para orientarme, el OruxMaps. Total, me tocó deambular a las seis de la mañana de un lado para otro del pueblo en un intento de hacerme una idea de hacia dónde debía caminar. Luego, ya a las afueras, busco el sendero con la linterna y descubro que las baterías se han ido al carajo. Bueno, todavía me quedaba la linterna del teléfono para orientarme en los cruces.

Hoy me fue especialmente duro caminar hasta cerca de las cuatro de la tarde con apenas un café con leche en el estómago. A mitad de camino hube de parar un buen rato; me quité la ropa de abrigo junto a un talud y yací con los ojos cerrados en el suelo bebiéndome pocillos de sol poco a poco con el placer de quien piensa que el mundo se ha detenido y ya no había que preocuparse por nada más. Pero tuve que levantarme y proseguir, era necesario llegar a Burgos, todavía a veinte kilómetros.

Después abrí la novela de Belén Gopegui y con ella en los oídos recorrí el paisaje soleado de los álamos, los olivos, las encinas, las tierras rojas y arcillosas consteladas de juncos y campos rotulados donde tímidamente había empezado a despuntar la cebada. Un libro inteligente donde al goce de la lectura es posible añadir el complejo mundo urbanita donde ideología, aspiraciones, amor, éxitos y fracaso componen un apasionante tapiz del que uno no sale inmune; es difícil escapar al agudo análisis de la autora que página tras página unas veces revuelve con su palito indagador en las heridas y otras se entretiene en poner a sus personajes en situaciones comprometidas que obligan a los interesados a un esfuerzo inusitado de sinceridad y análisis del que no siempre salen indemnes.

Fue en alguna parte de la novela que decidí cambiar mi proyecto inicial para estos días. De repente empecé a entrever que a las novelas que he escrito hasta ahora les faltaba algo esencial y escurridizo que yo, sumido en la narración de un relato en donde el componente biográfico era bastante patente, no había sido capaz de narrar y que la novela de Gopegui me hacía repensar. Acaso sería tiempo ya de retomar un relato teniendo en cuenta aspectos nuevos que no consideré antes. En algún momento me imaginé los próximos días levantándome en casa al amanecer pergeñando ideas para un nuevo relato. Quizás. Luego pensé que si me meto en la ruta entre León y Oviedo me sería más difícil volver a casa para Reyes. Total, interrumpí la lectura, tomé el teléfono, llamé a Alsa y obtuve un billete para Burgos-Madrid para una hora más tarde. Me quedaba algo más de media hora para llegar a Burgos.

Desde que nuestros hijos se hicieron autónomos no hacemos nada especial en nochevieja. Creo que el pasado año no nos enteramos siquiera de la cita con las uvas. Oh, perdón, no, el pasado año sí, pasamos de año en medio de una fiesta multitudinaria en la principal plaza de Yakarta. El caso es que también me dio algo de cosa que Victoria pasará el último día del año sola. Me vino la vena romántica, esa que cada vez está más lejos porque uno se vuelva tan prosaico que casi se da miedo.